Ethan Ricci

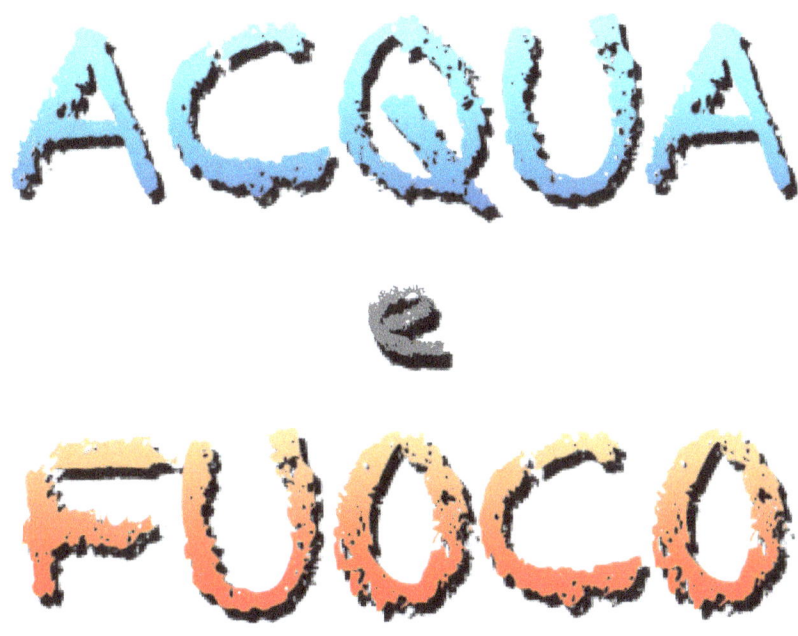

ACQUA e FUOCO

Portfolio 1993–2023

Indice

In copertina: Gocce di fine inverno # 7 (2011, Ethan Ricci)

Introduzione

Questo album fotografico è dedicato a due elementi tra i più iconici e antitetici: l'acqua e il fuoco. È il primo di una serie suddivisa per macro-temi in cui sono raccolti i soggetti preferiti o maggiormente fotografati dall'autore, sia a firma Cinzia Ricci più o meno sino al 2015/2016, sia a firma Ethan Ricci, successivamente.

La fotografie proposte sono state realizzate con macchine fotografiche analogiche (Minolta e Nikon amatoriali) sino al 2009, poi sostituite con un'ottima Reflex digitale Nikon D300 professionale, ormai quasi completamente fuori servizio. Oggi, data l'impossibilità di acquistare uno strumento all'altezza delle sue pretese qualitative, Ethan Ricci fotografa con assai più modeste macchine hobbistiche, nella fattispecie due reflex, una Samsung e una Sony.

In ogni foto o diapositiva, analogica o digitale, l'autore ha cercato di "catturare l'attimo", senza modificazioni della scena, neppure minime. A parte il flash incorporato nelle macchine, non ha mai utilizzato filtri speciali né altri accessori e pure gli interventi di fotoritocco si sono limitati a semplici correzioni: contrasto, centratura, dimensioni, taglio - in una camera oscura ed oggi con i files digitali, sono interventi che si compiono abitualmente e non snaturano, non falsificano lo scatto.

Un viaggio nella quotidianità, dunque, catturando luci, colori, movimenti, forme altrimenti invisibili che generalmente non sono credute degne di attenzione sebbene siano testimoni del tempo, custodi - in sé - del segreto antico della vita e della bellezza.

Voglia il lettore accontentarsi di questa "piccola", arbitraria selezione.

ACQUA

https://youtu.be/ZLcglPOKRLU

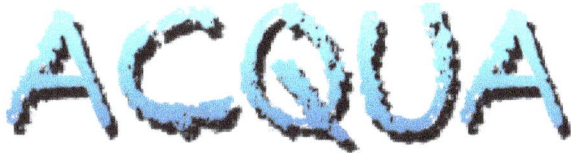

Fotografie analogiche 1993-2005 (Selezione)

FONTANE e VASCHE di LUCCA

https://youtu.be/iDri6LkWrLM

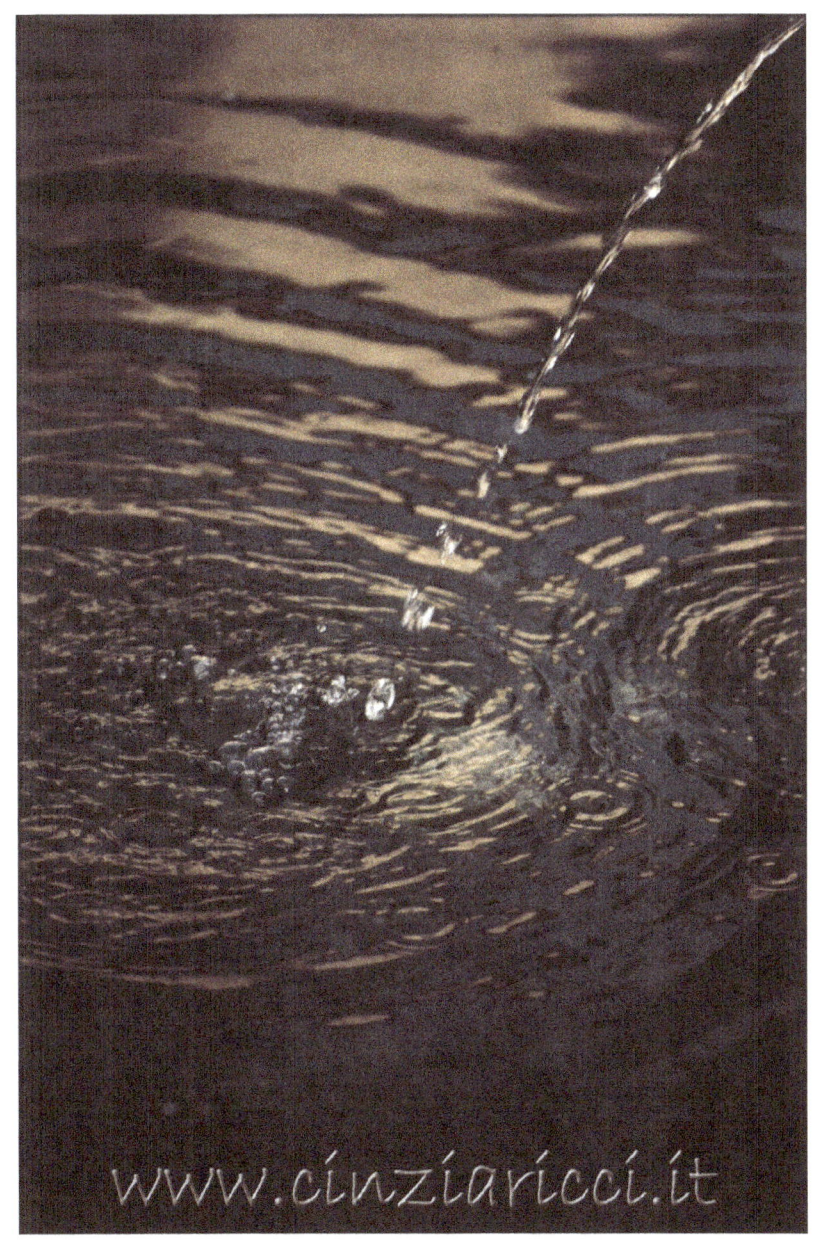

1993

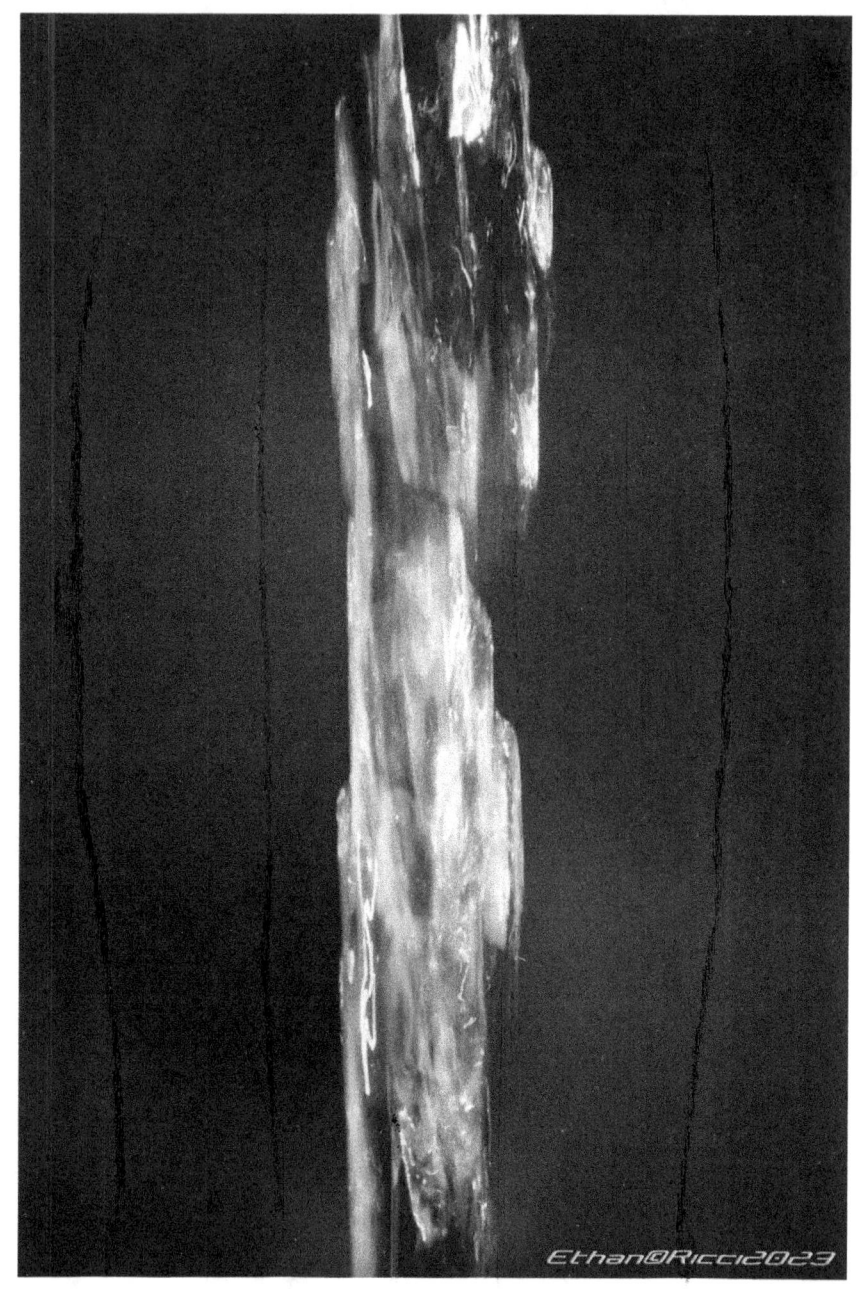

Come ghiaccio (Una fontana di Villa Bottini, 1993)

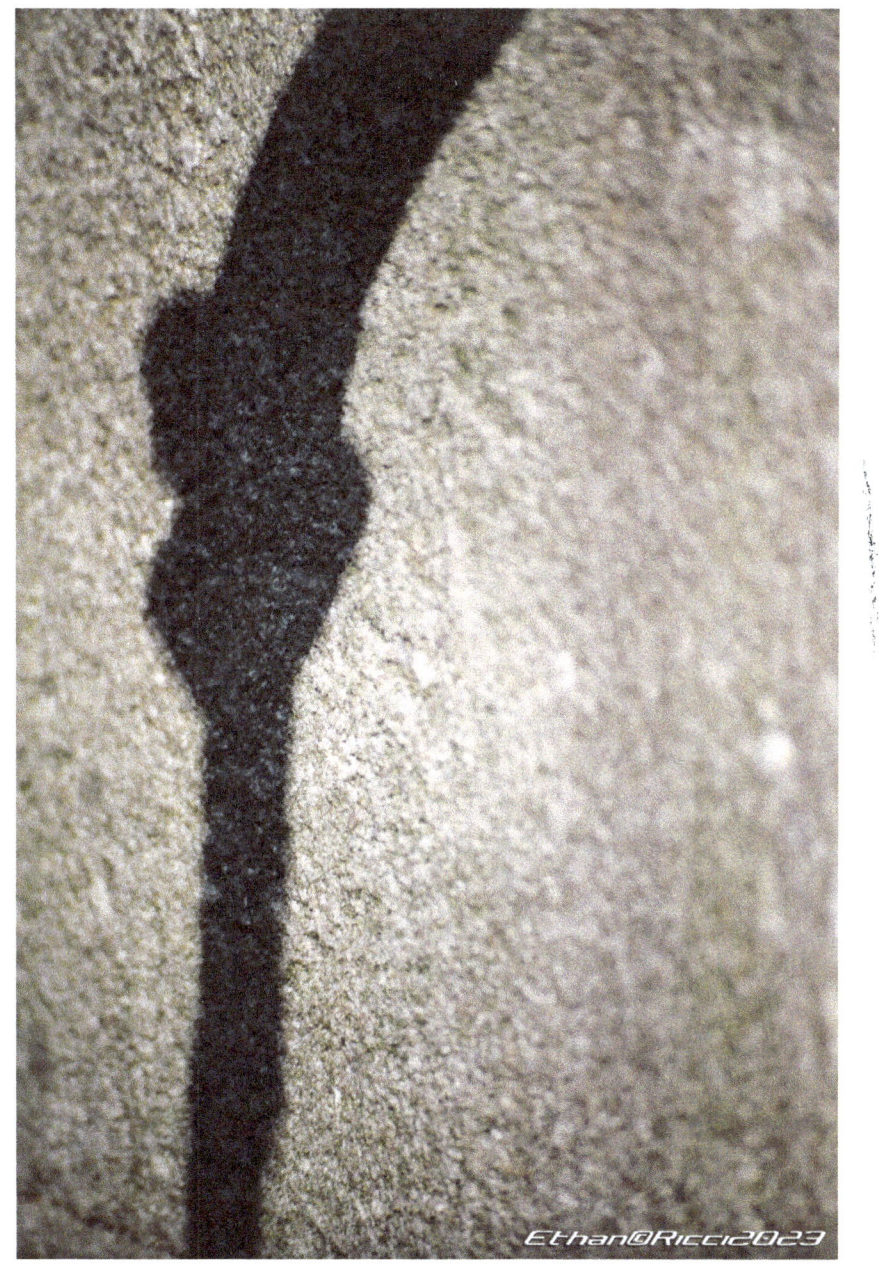

Ombra d'acqua (Una fontana di Villa Bottini, 1993)

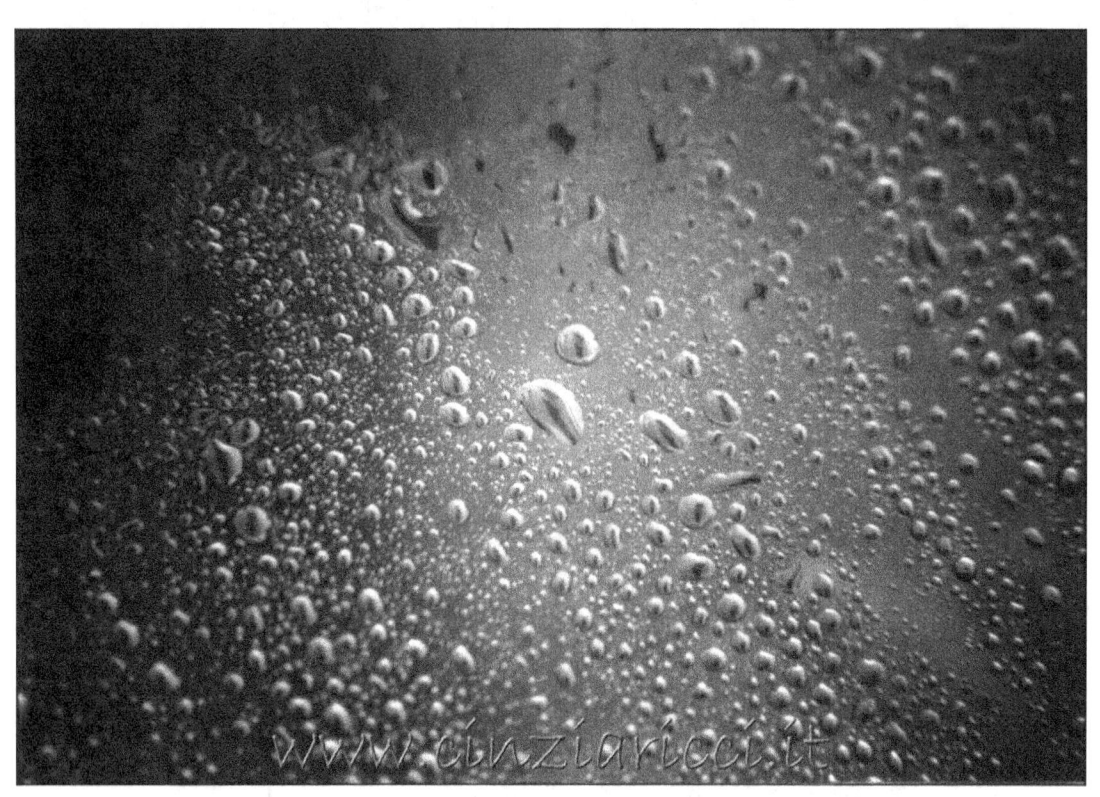

Gocce # 1 (1993)

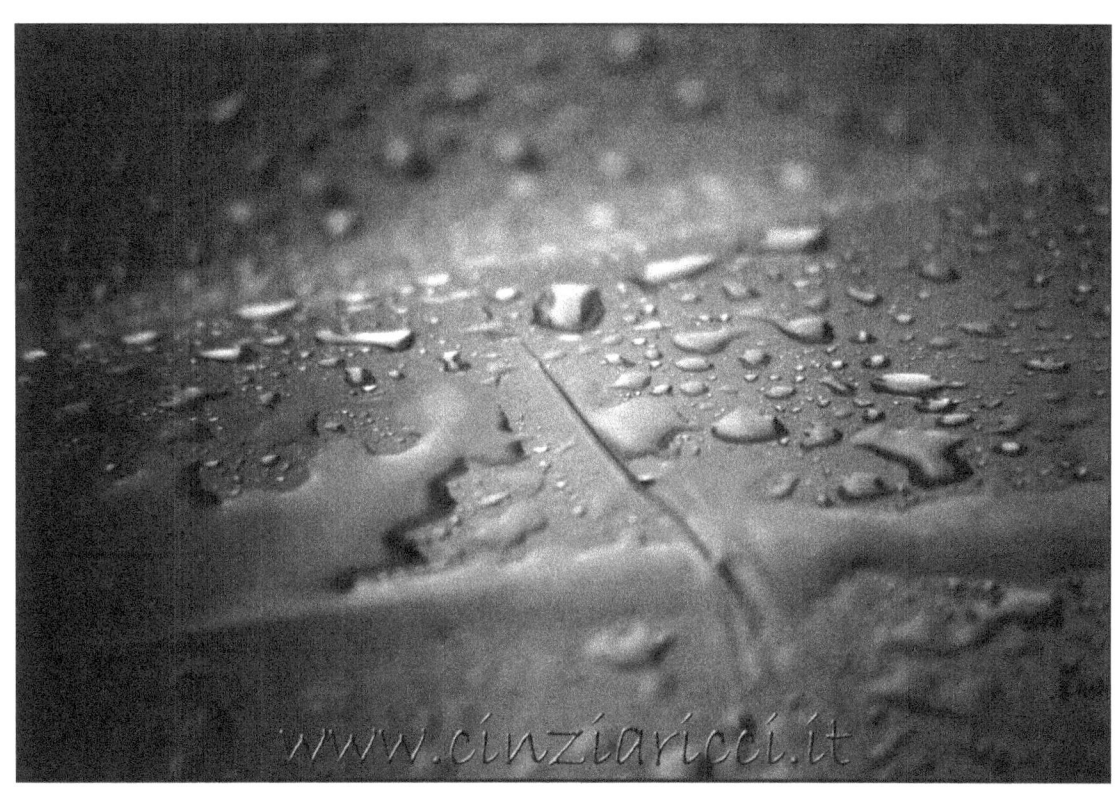

Gocce # 2 (1993)

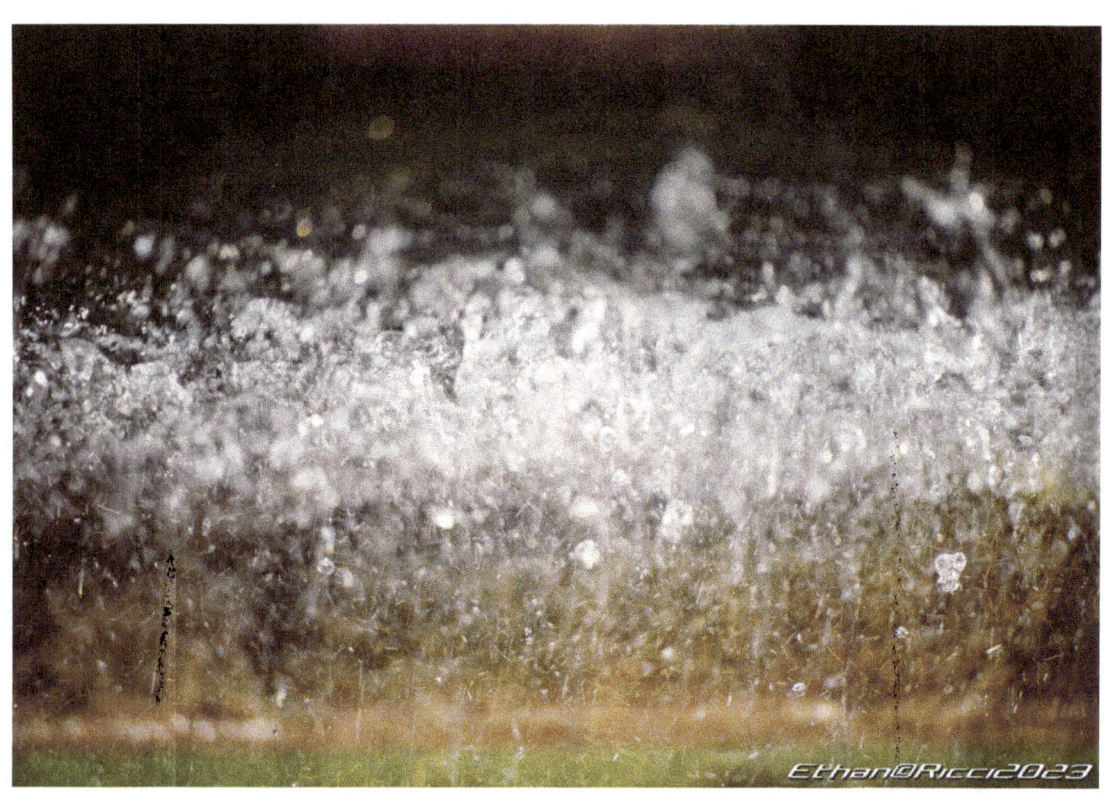

Acqua ballerina # 2 (1993)

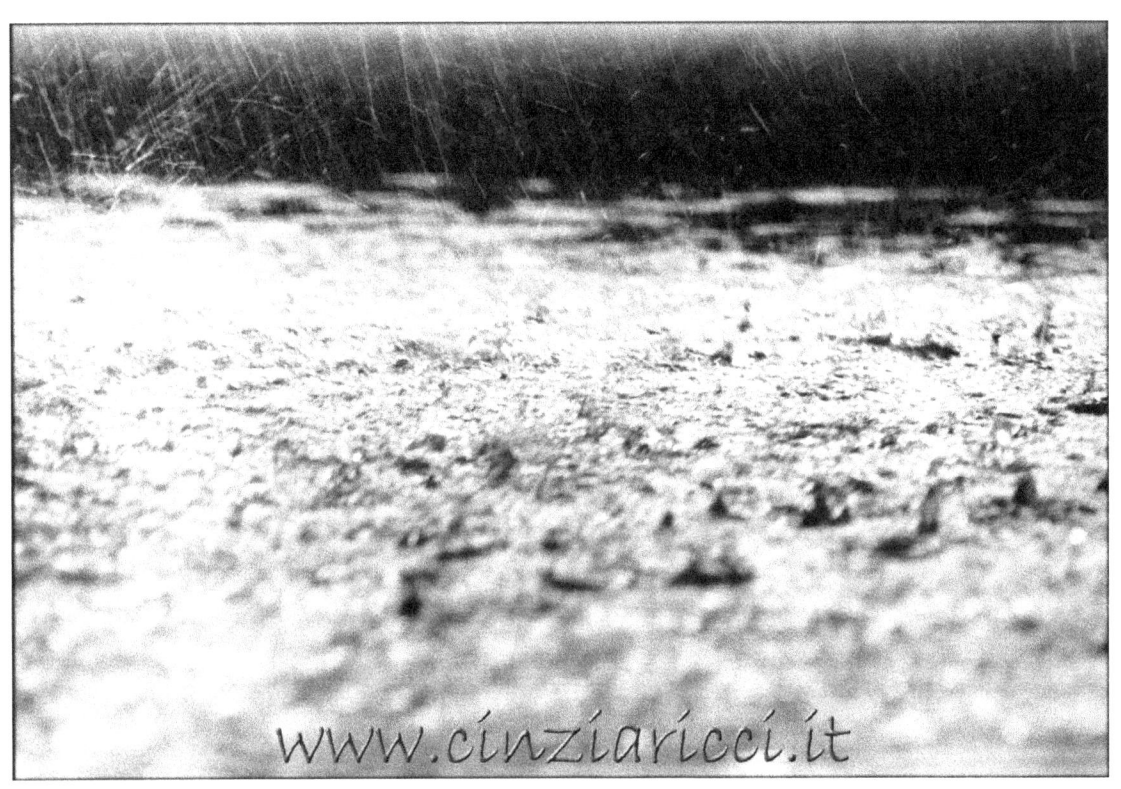

Acqua ballerina # 3 (2005)

FONTANE 1993-2015

https://youtu.be/y78sWH8dlho

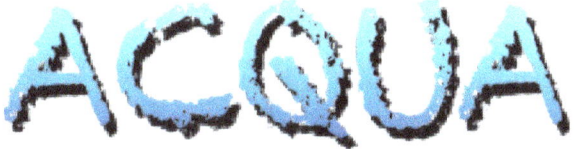

ACQUA

Fotografie digitali 2009-2023 (Selezione)

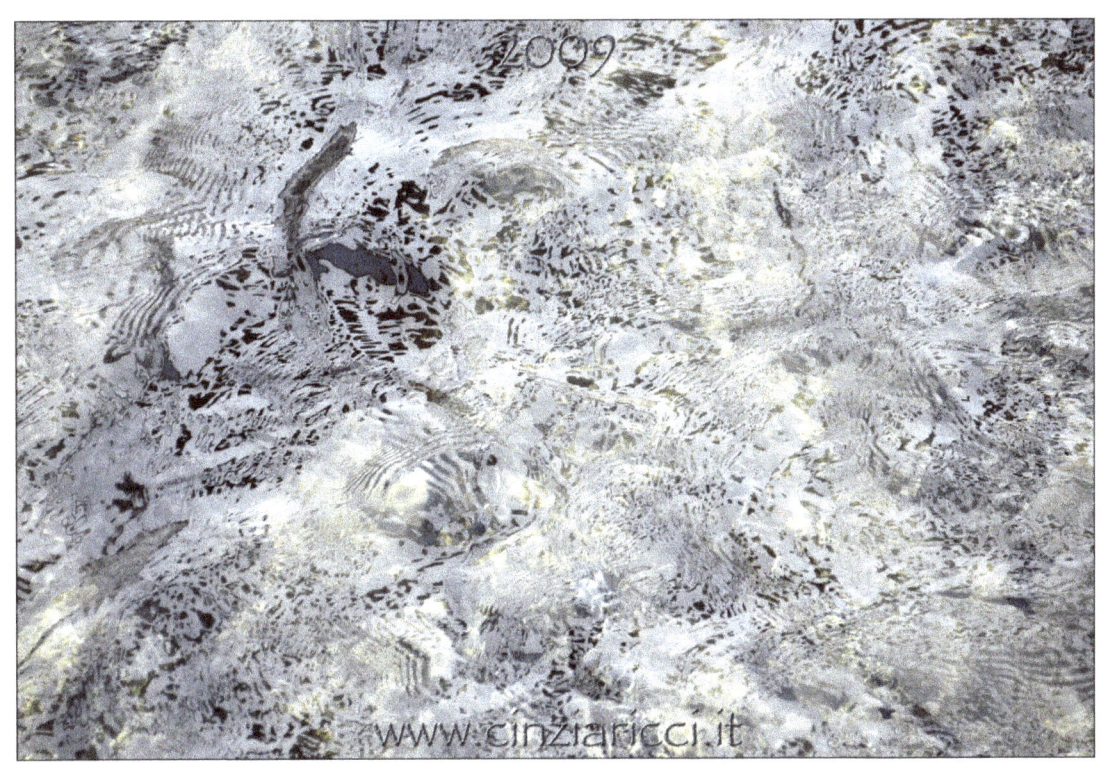

Increspature (2009)

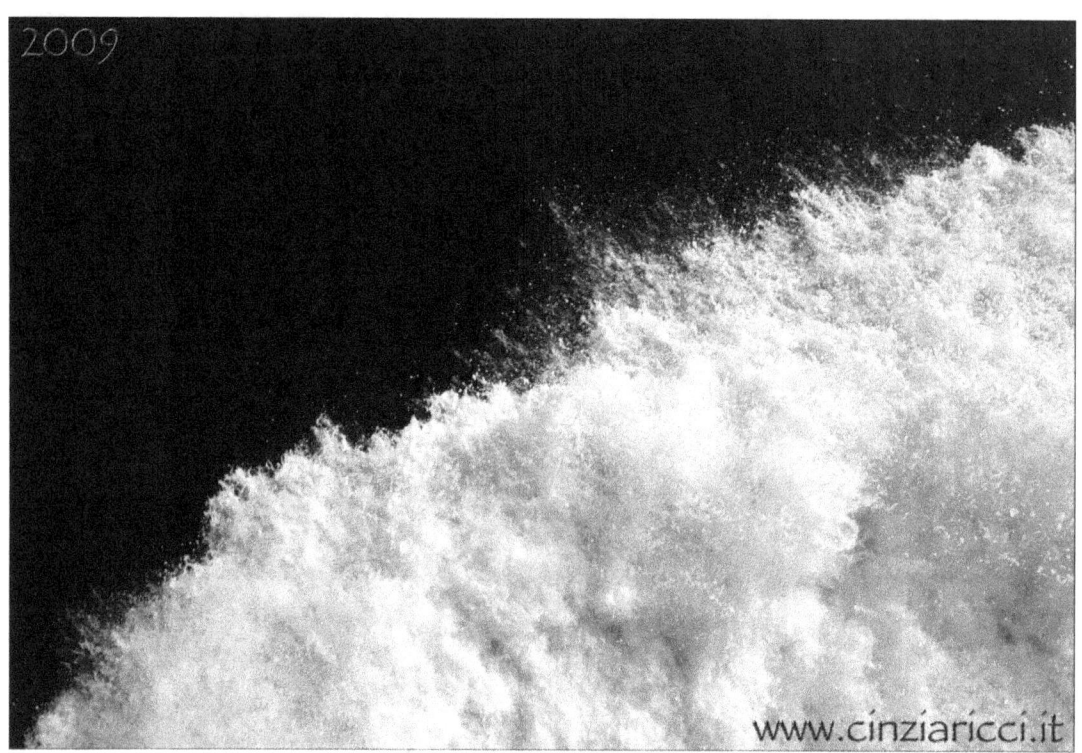

Il bianco, il nero (2009)

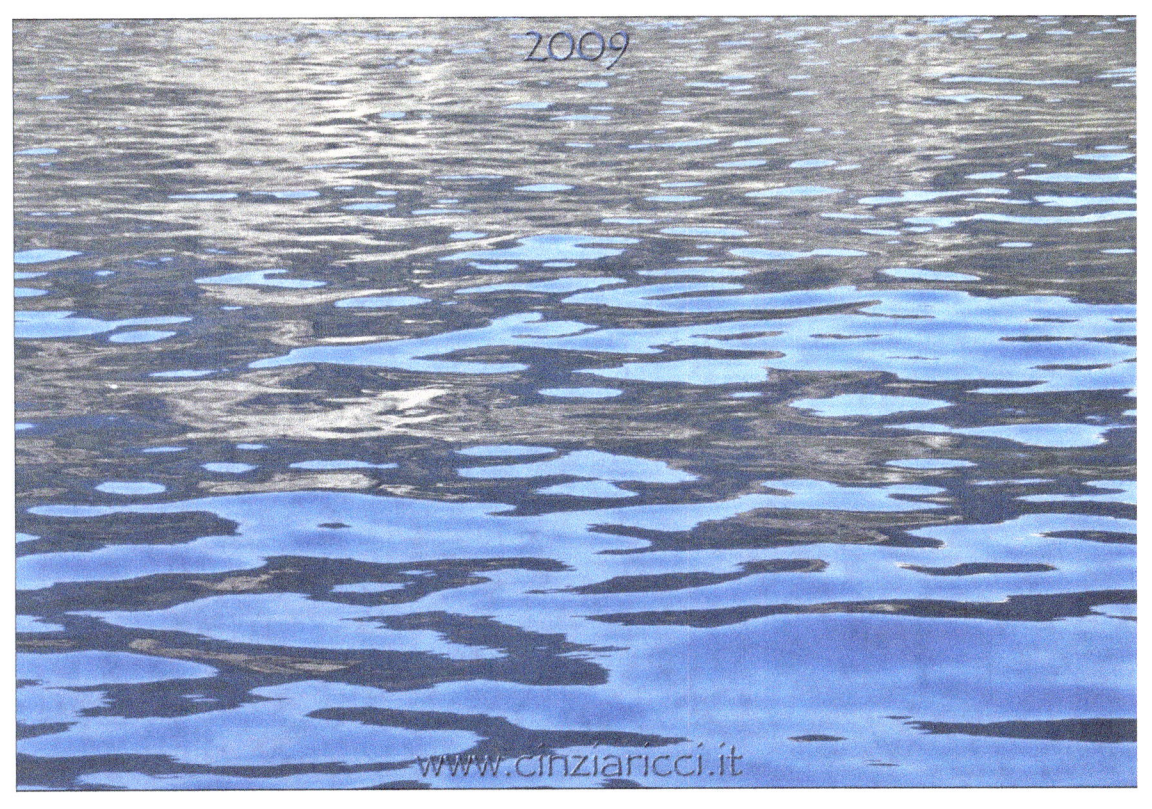

Calma piatta in blu (2009)

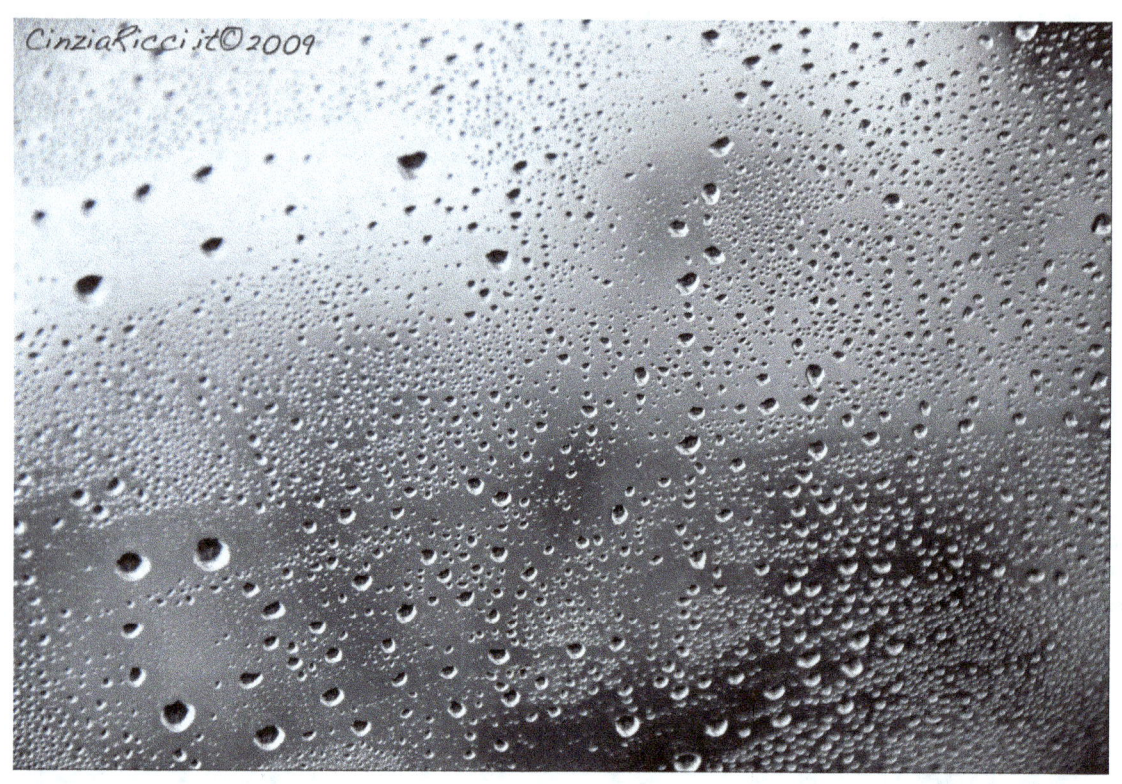

Gocce # 6 (2009)

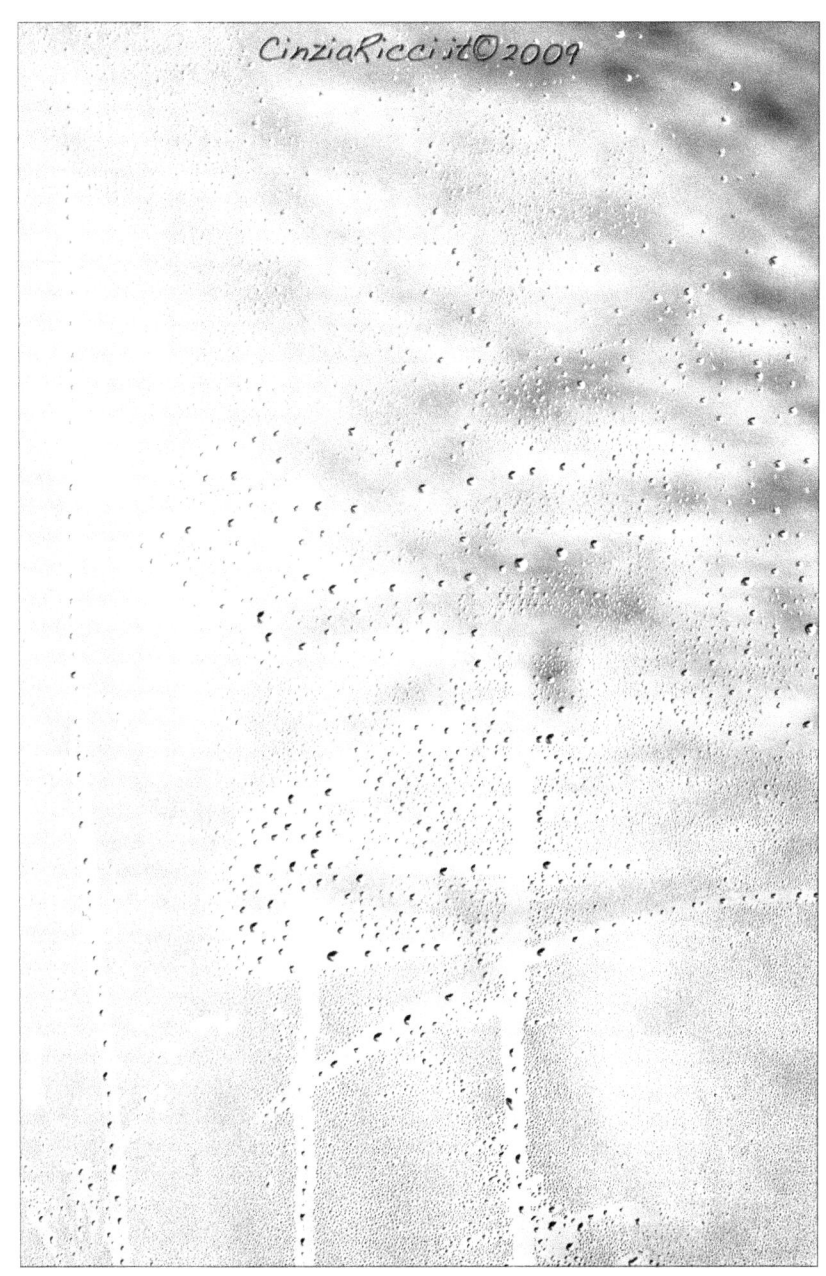

Gocce # 8 (2009)

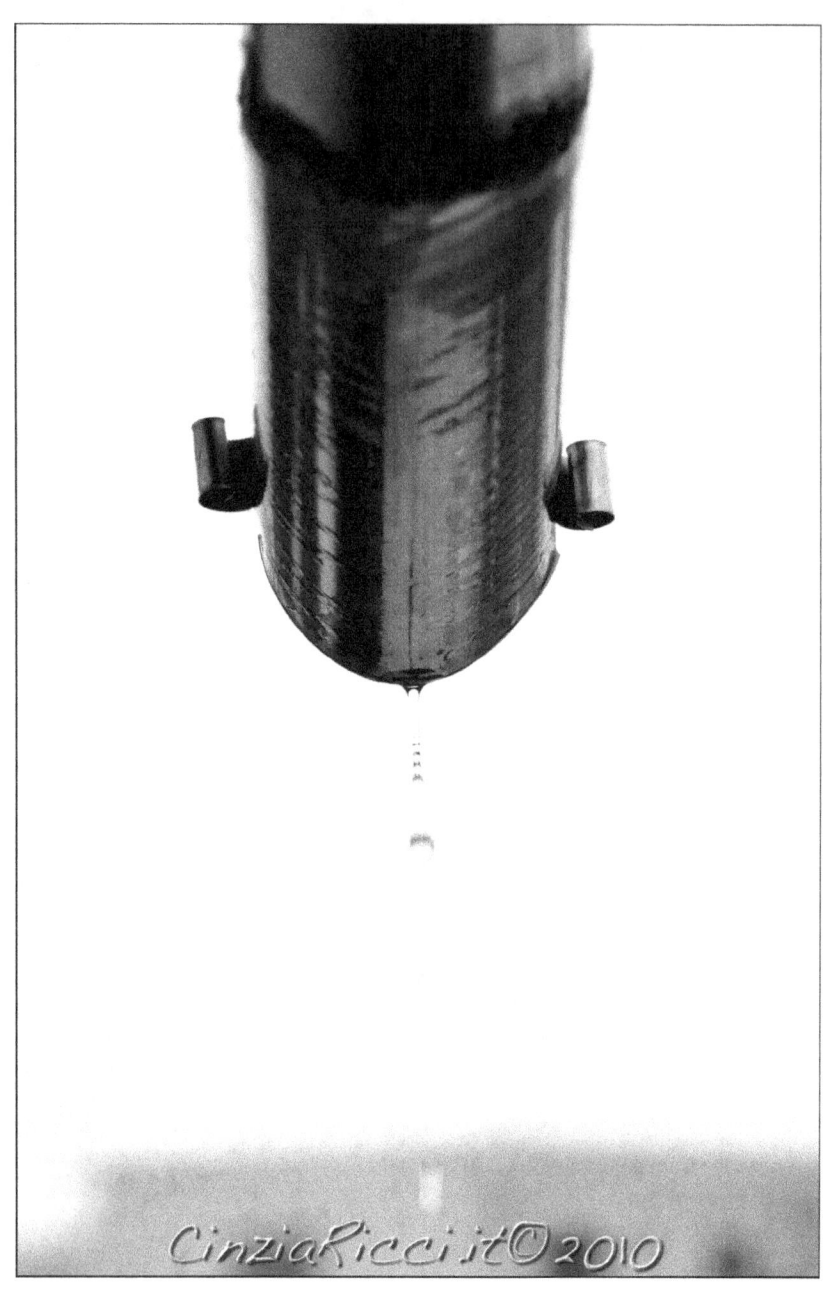

Gocce # 9 (gronda, 2010)

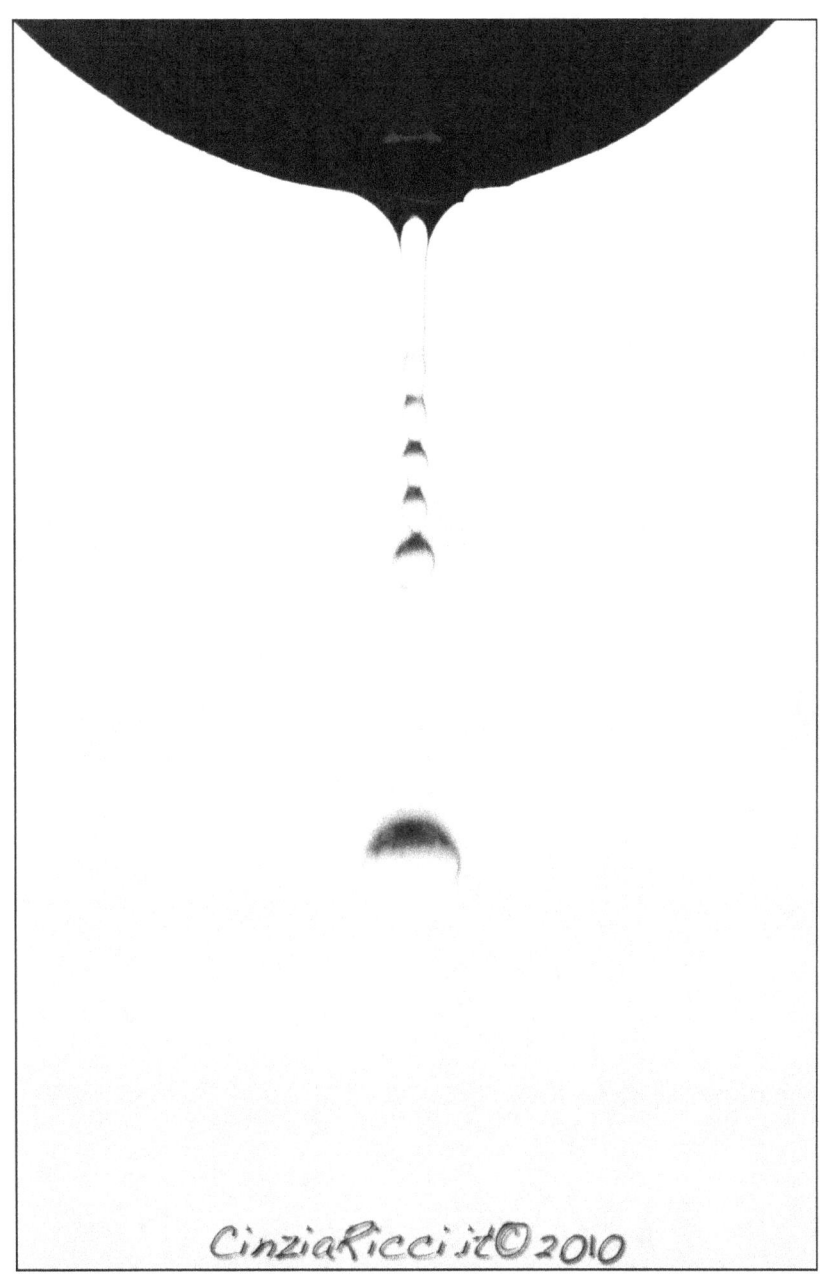

Gocce # 15 (gronda, 2010)

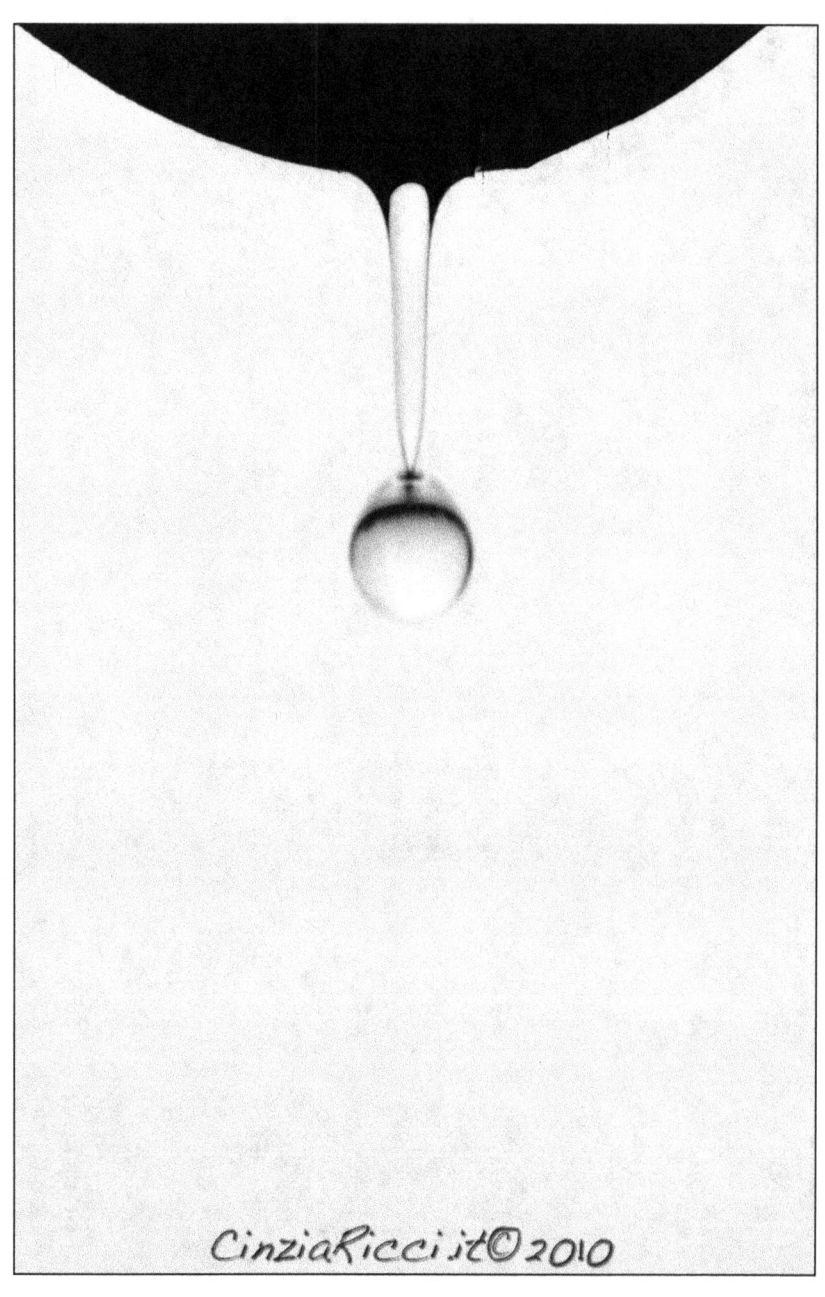

Gocce # 16 (gronda, 2010)

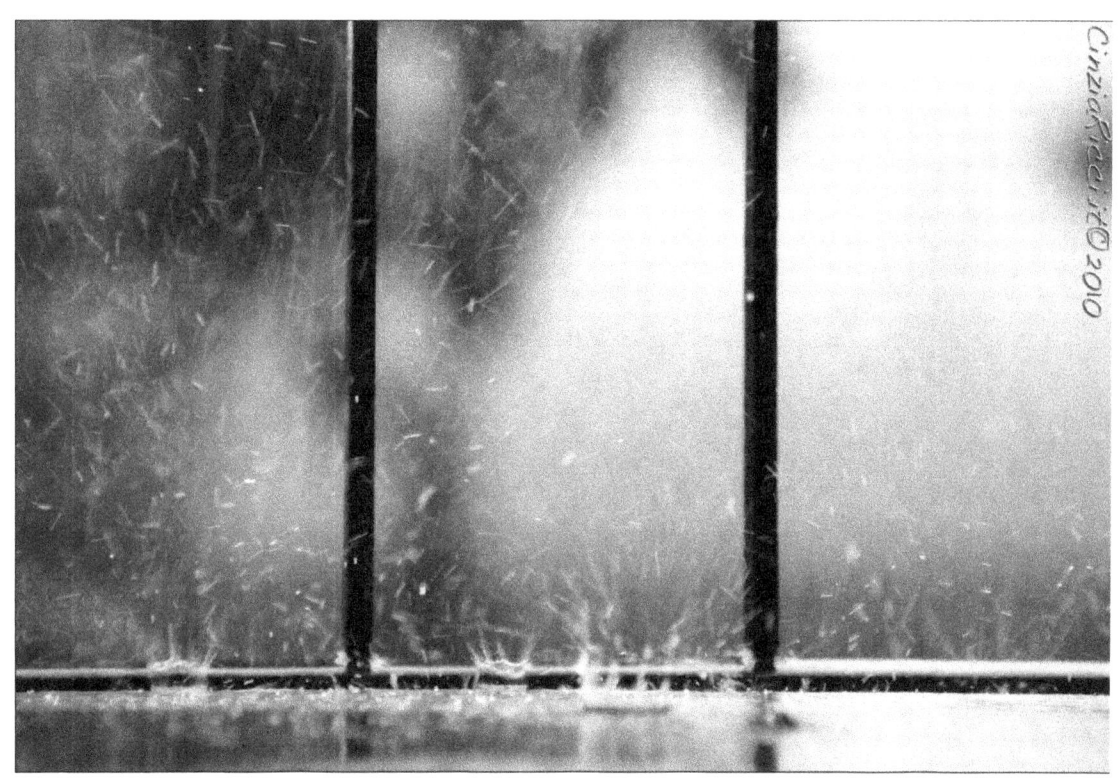

Pioggia # 12 (2010)

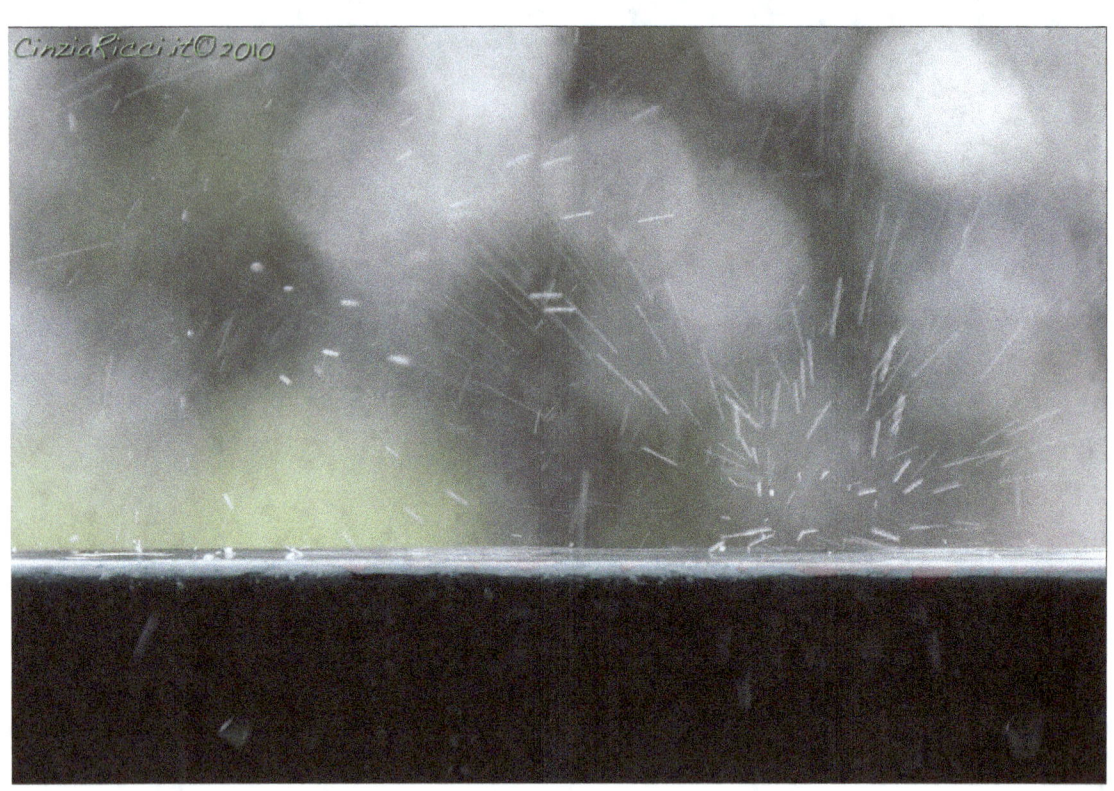

Pioggia # 19 (2010)

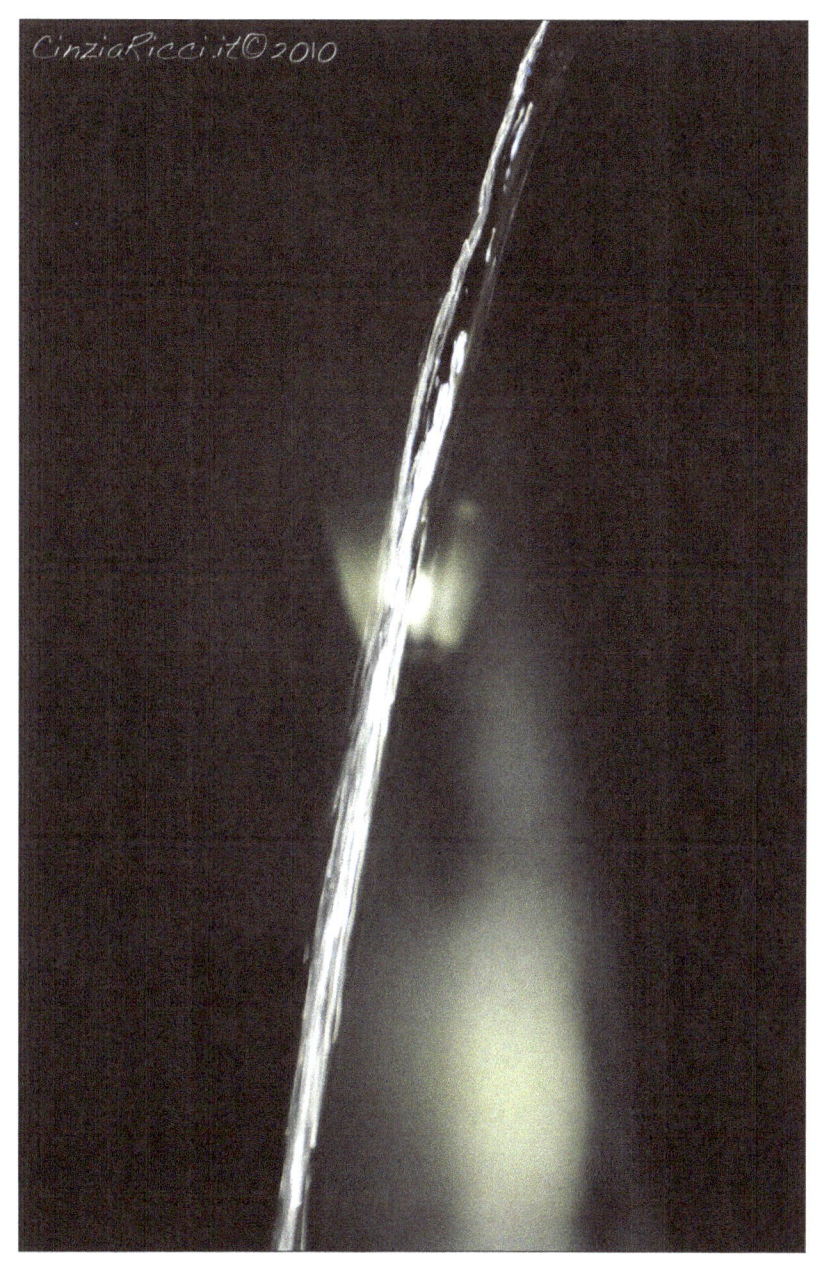

Davanti al lampione (2010)

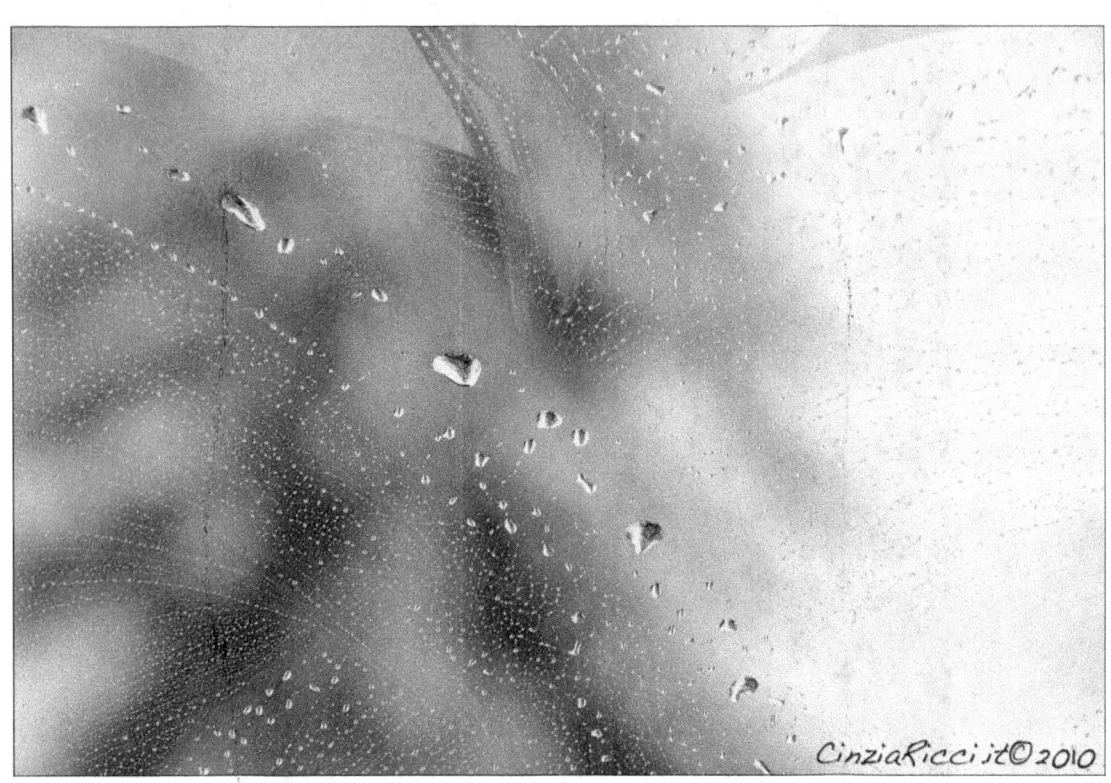

Aspettando il Natale (2010)

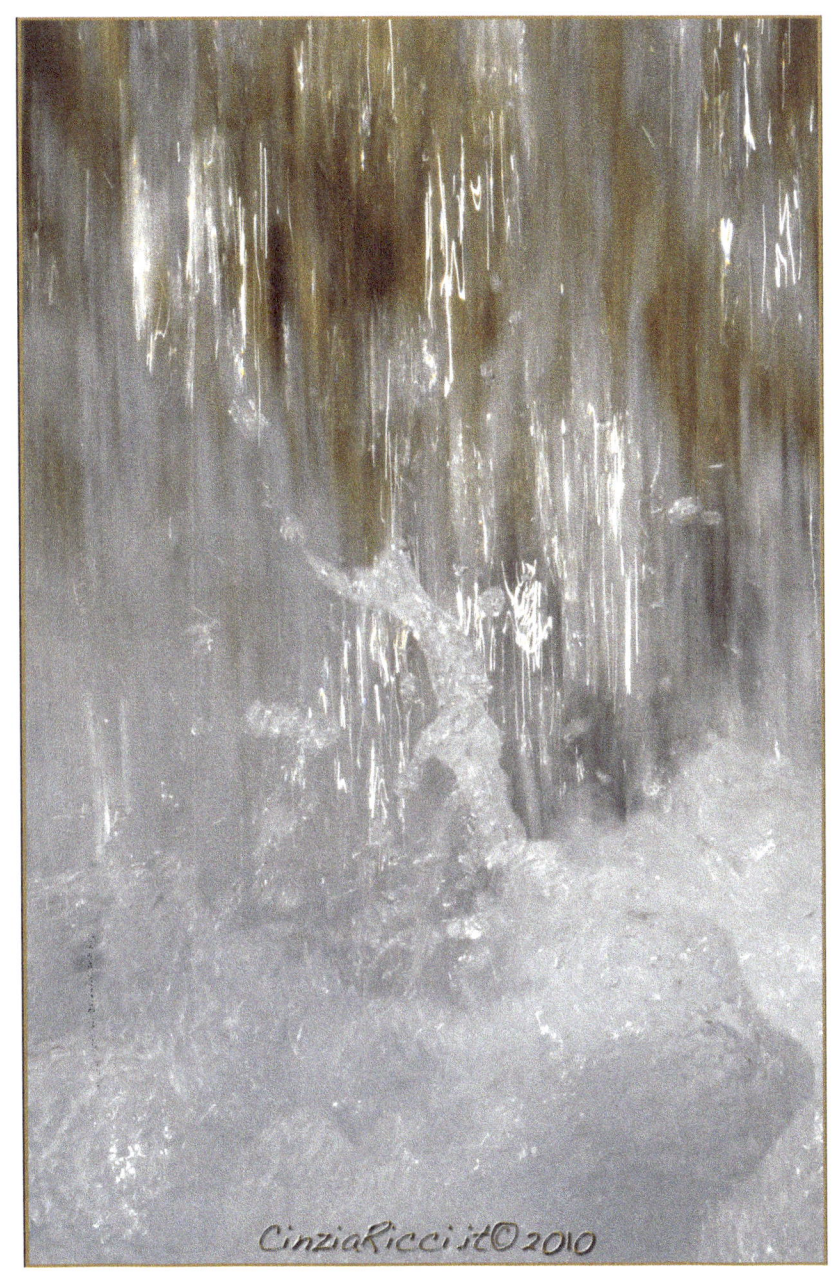

Cascatella a Torino (2010)

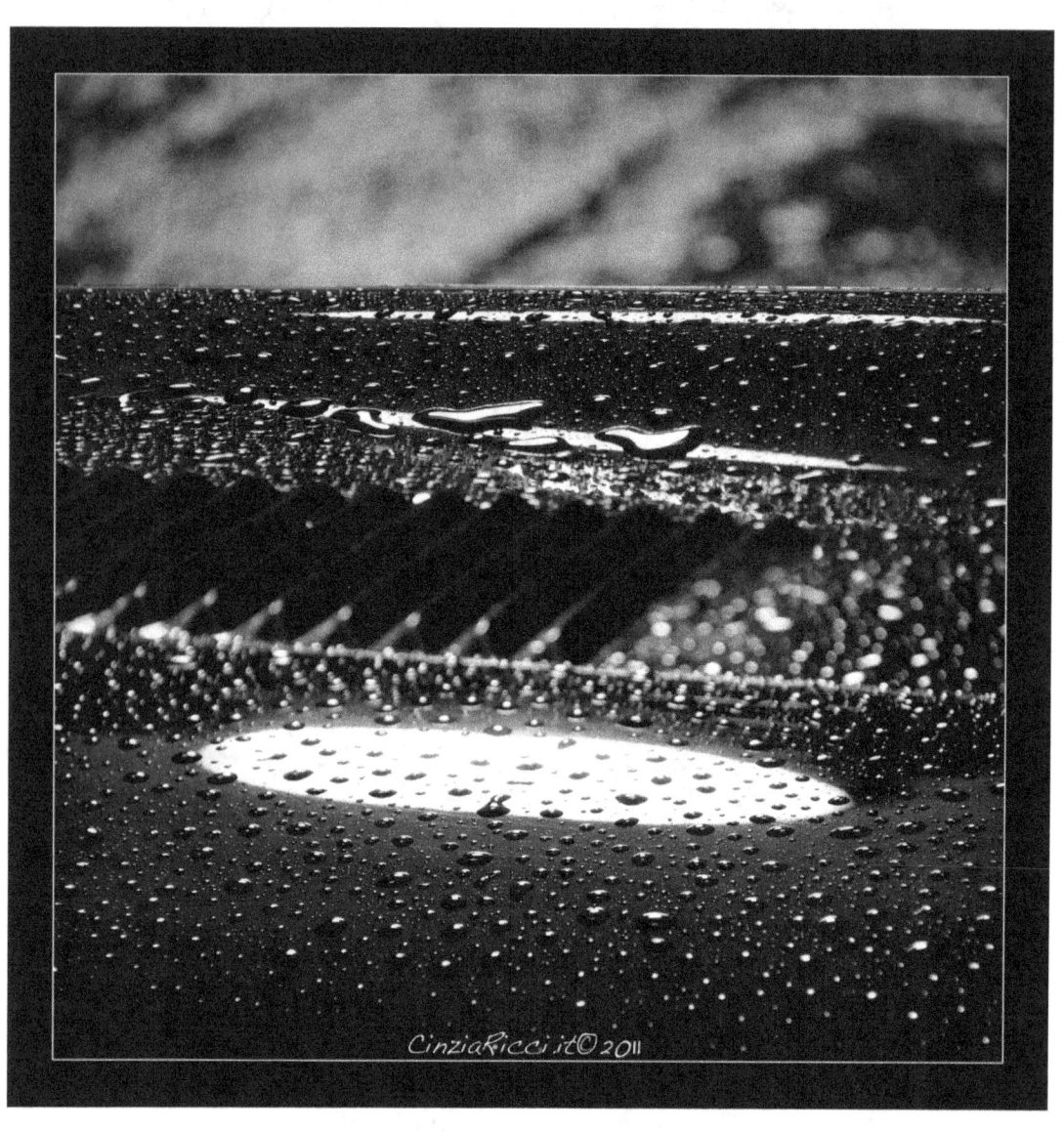

Gocce di fine inverno # 1 (2011)

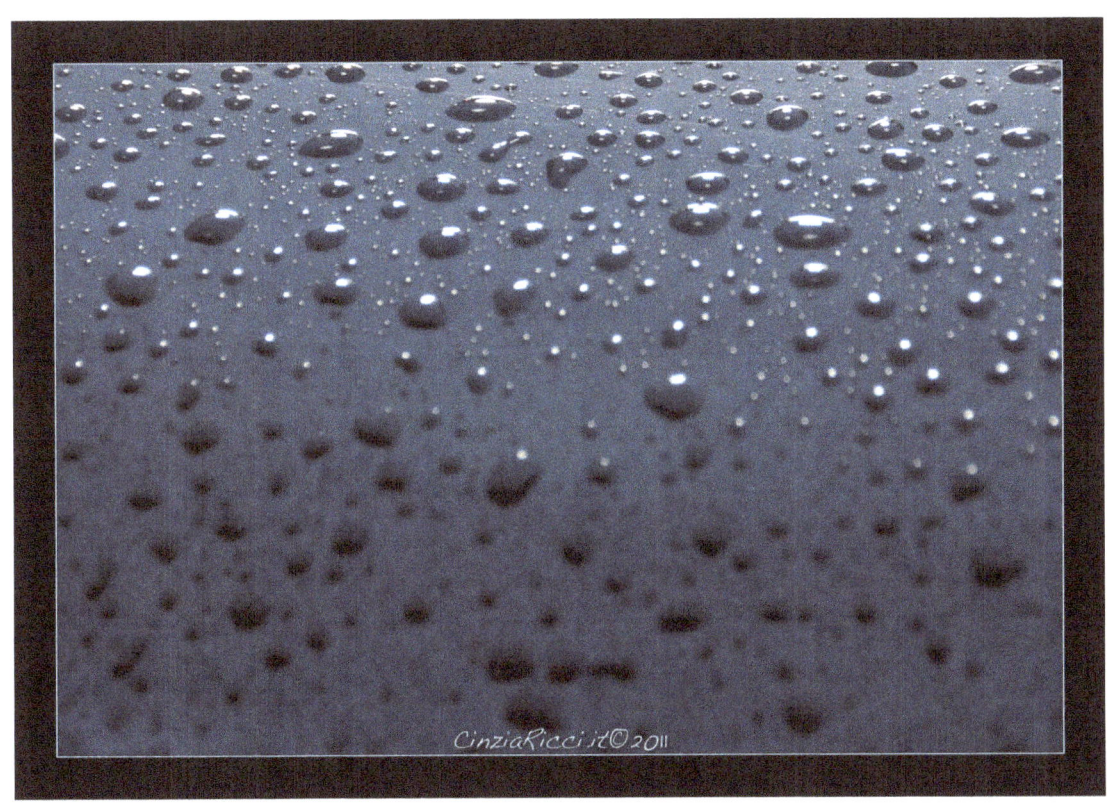

Gocce di fine inverno # 2 (2011)

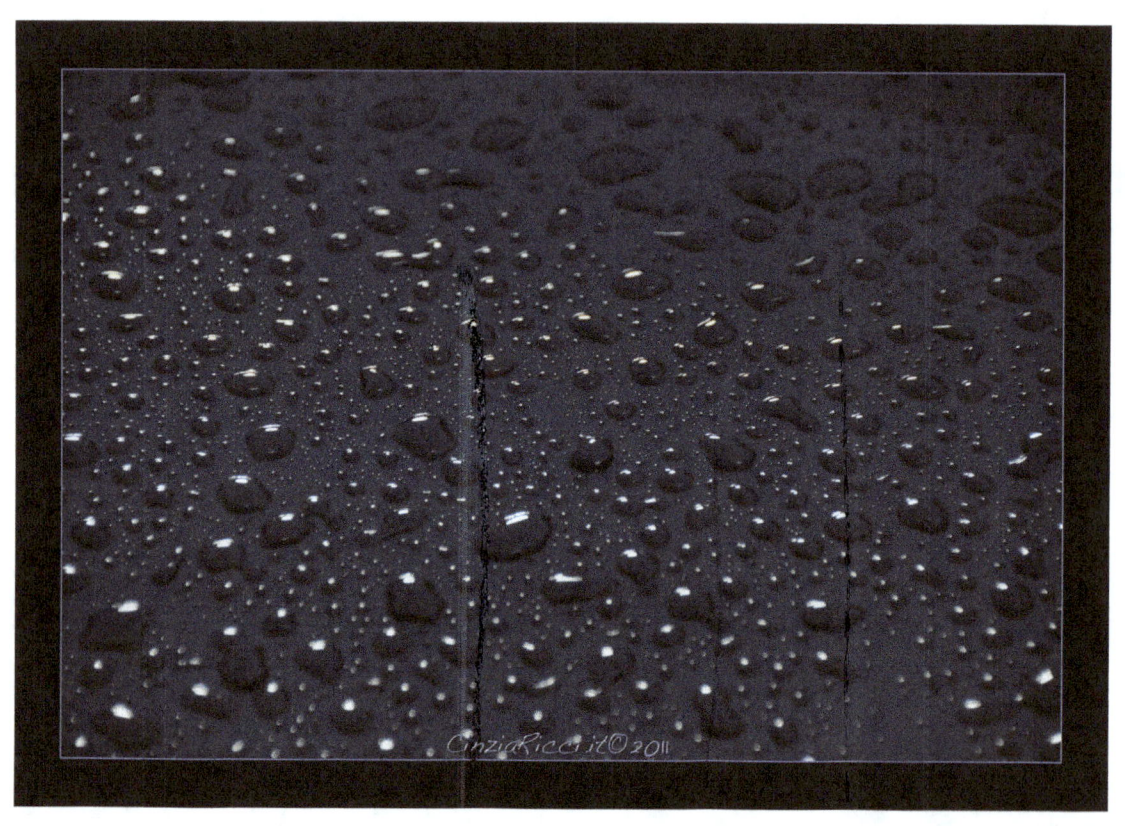

Gocce di fine inverno # 3 (2011)

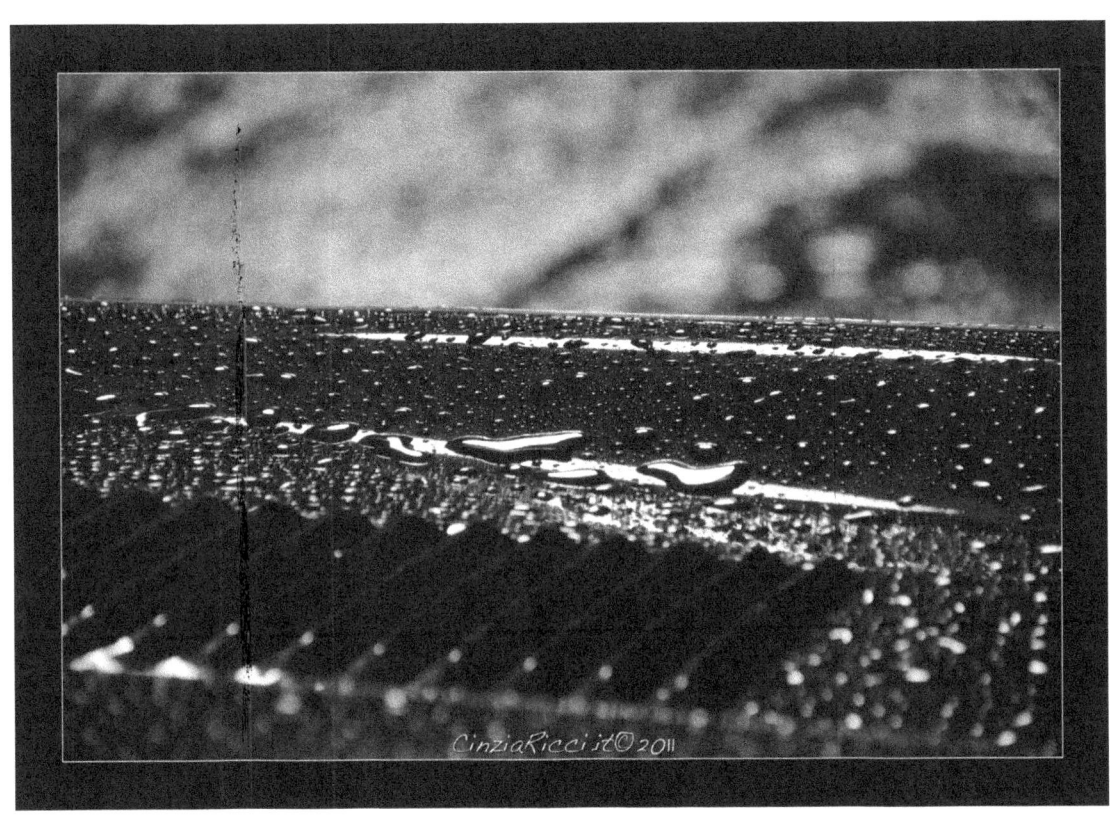

Gocce di fine inverno # 4 (2011)

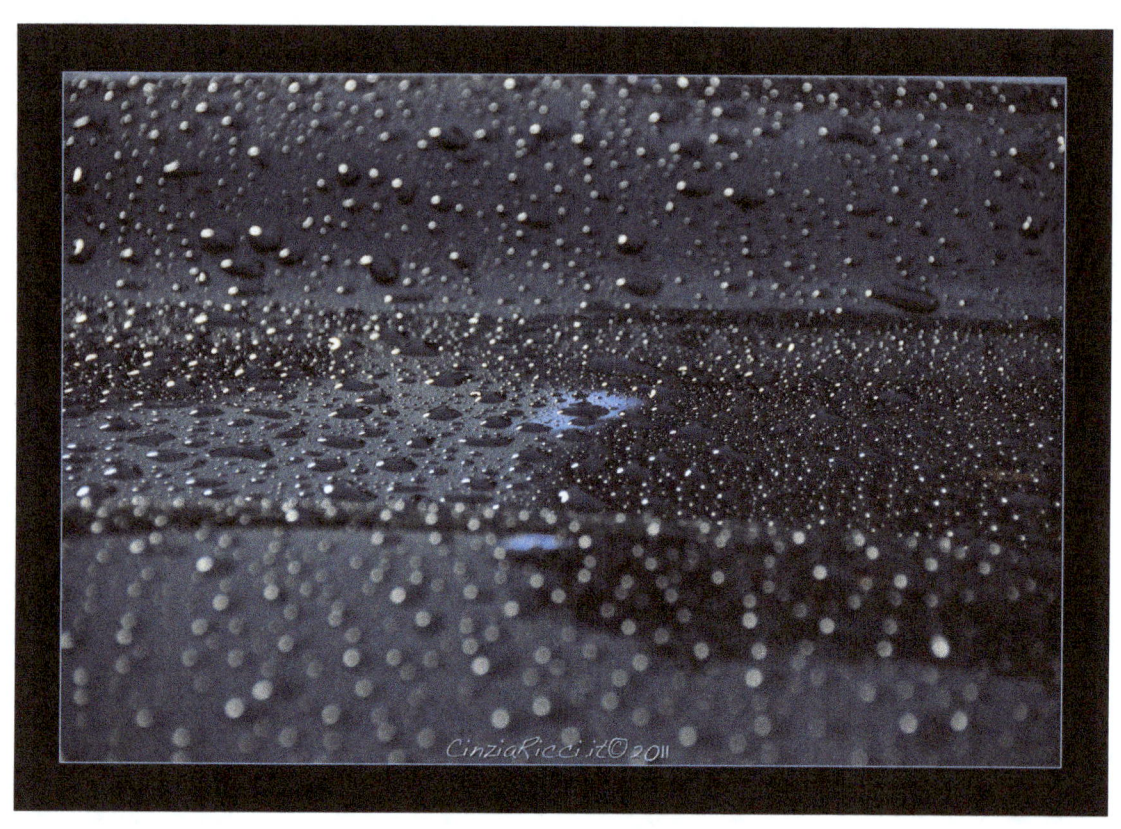

Gocce di fine inverno # 5 (2011)

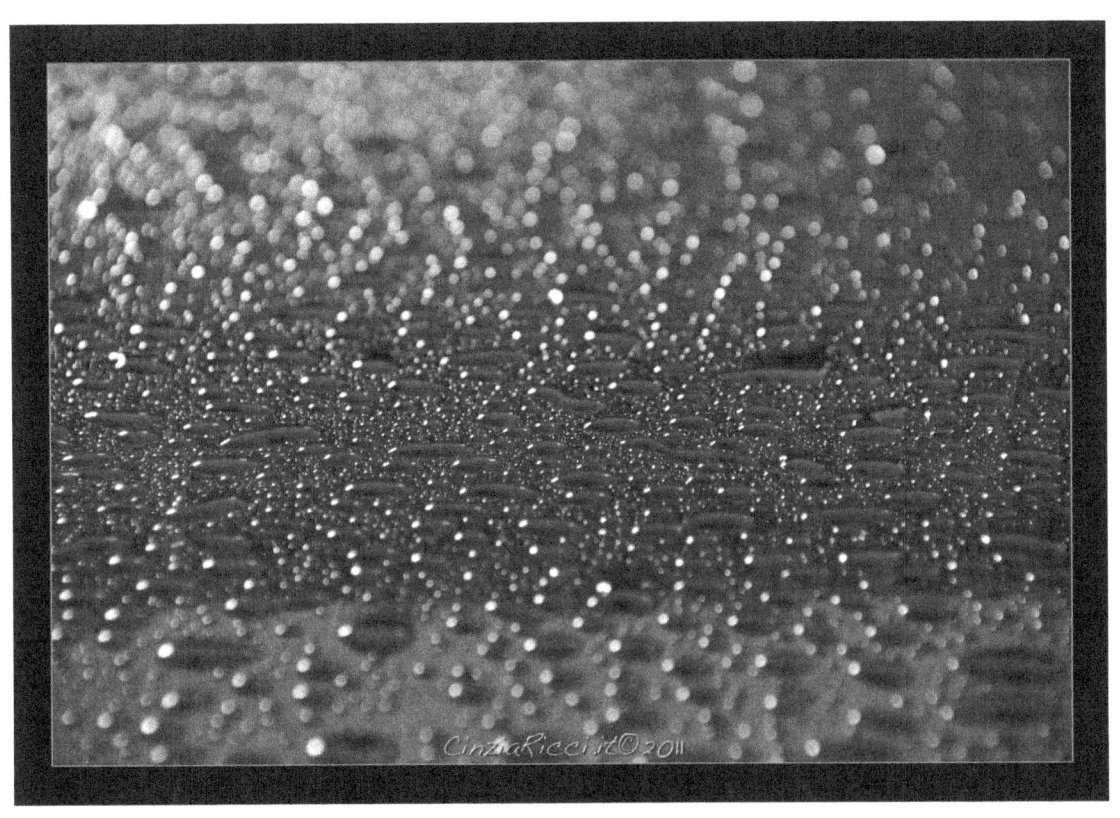

Gocce di fine inverno # 7 (2011)

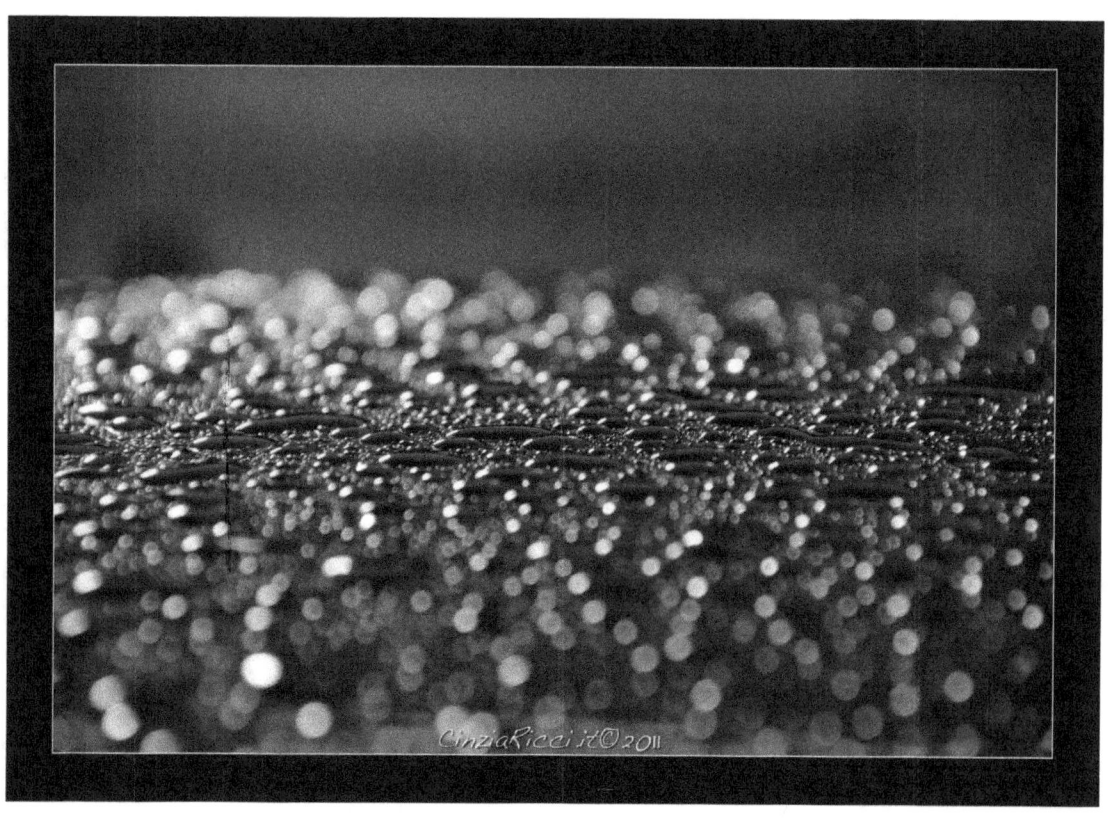

Gocce di fine inverno # 8 (2011)

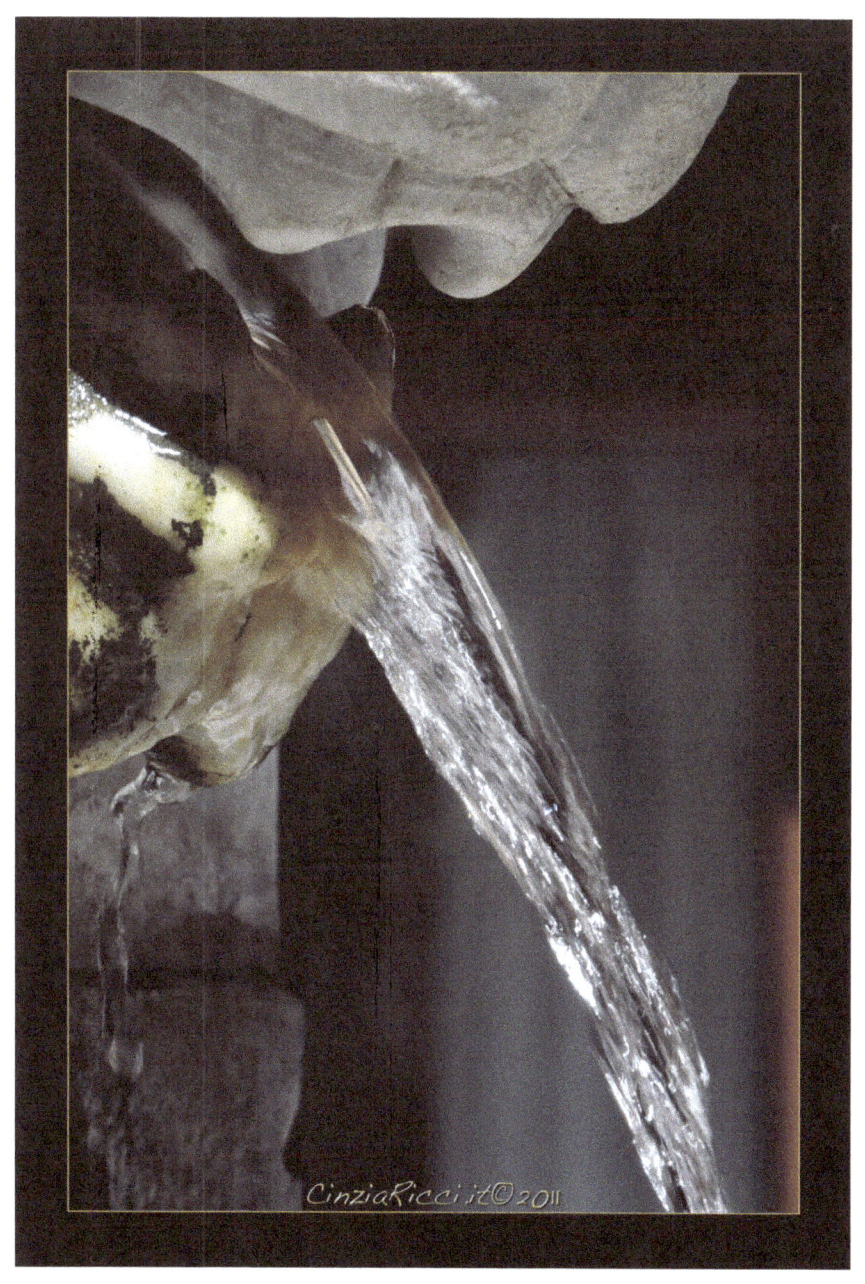

Cristallina (Porto Venere, 2011)

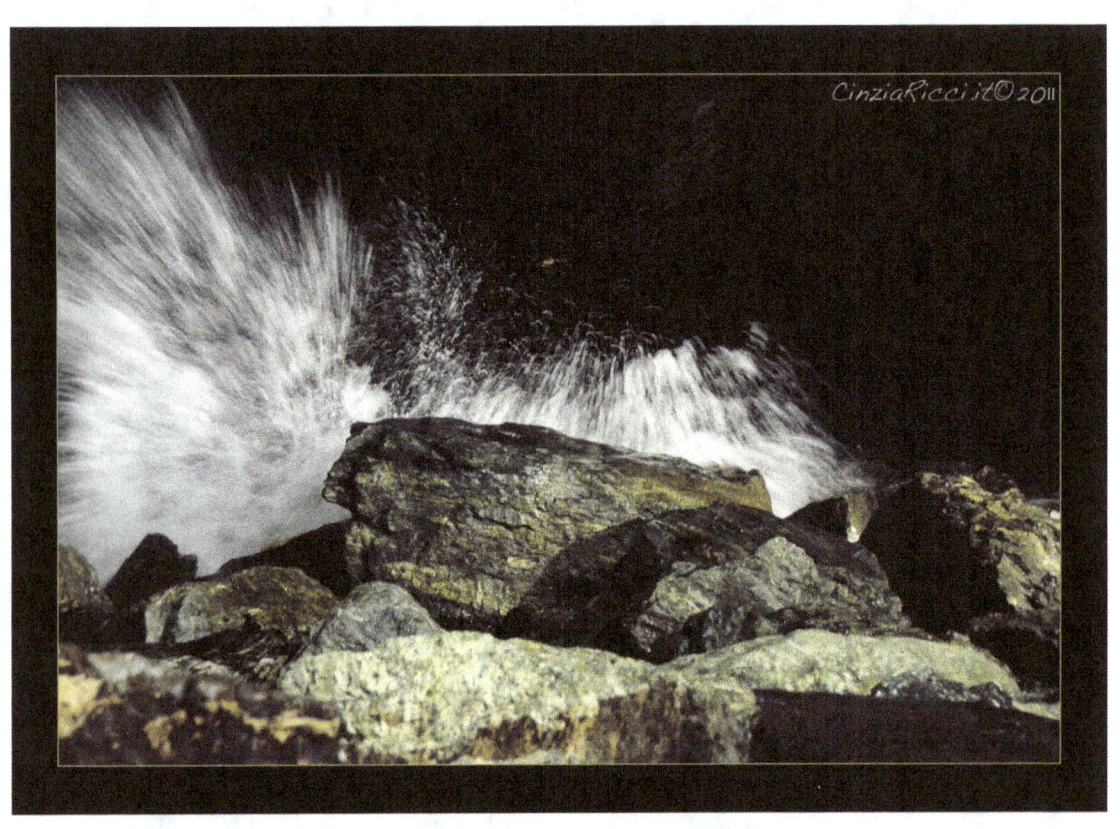

Marosi notturni, senza Flash # 1 (2011)

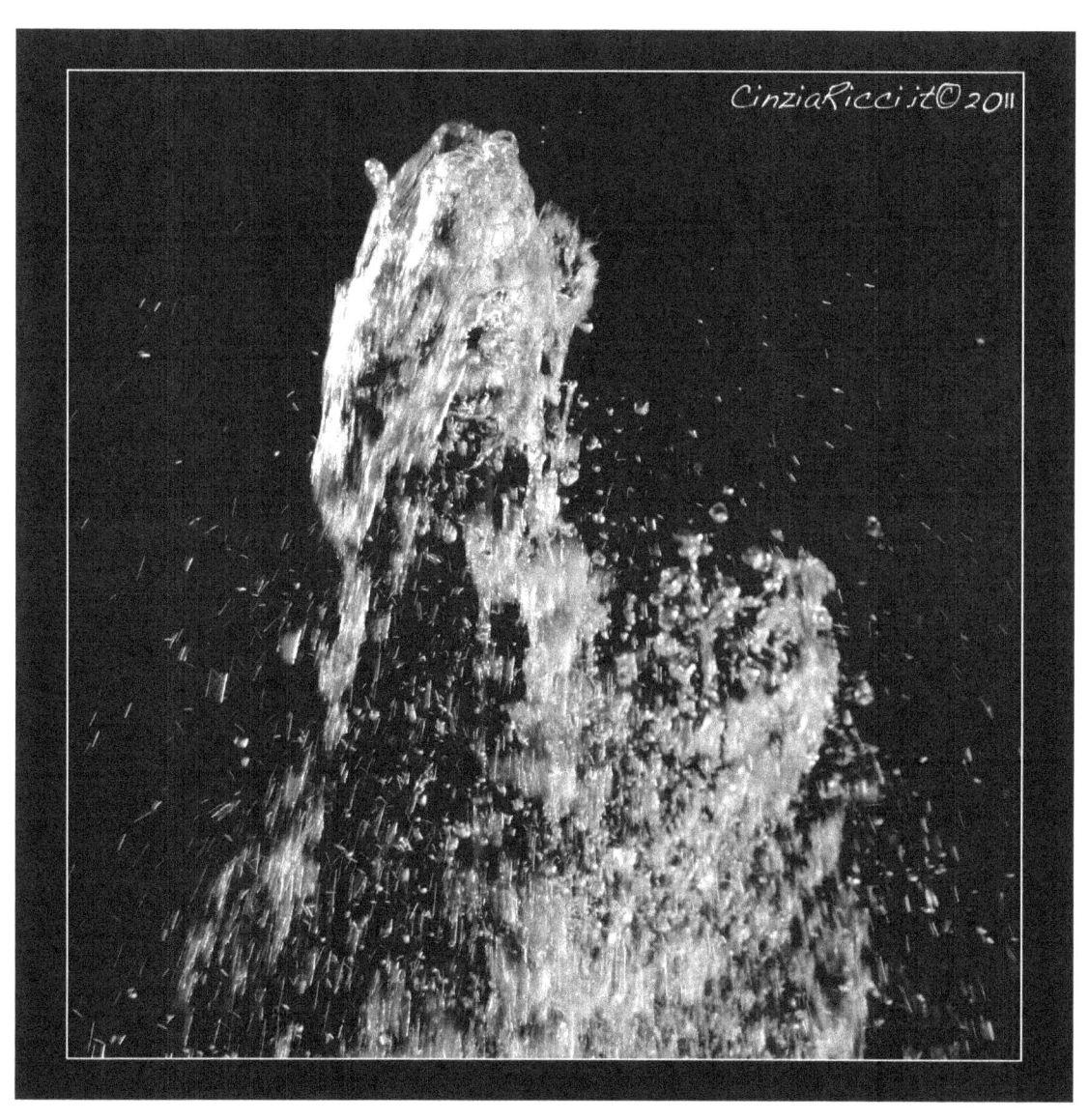

Zampillo # 7 (2011)

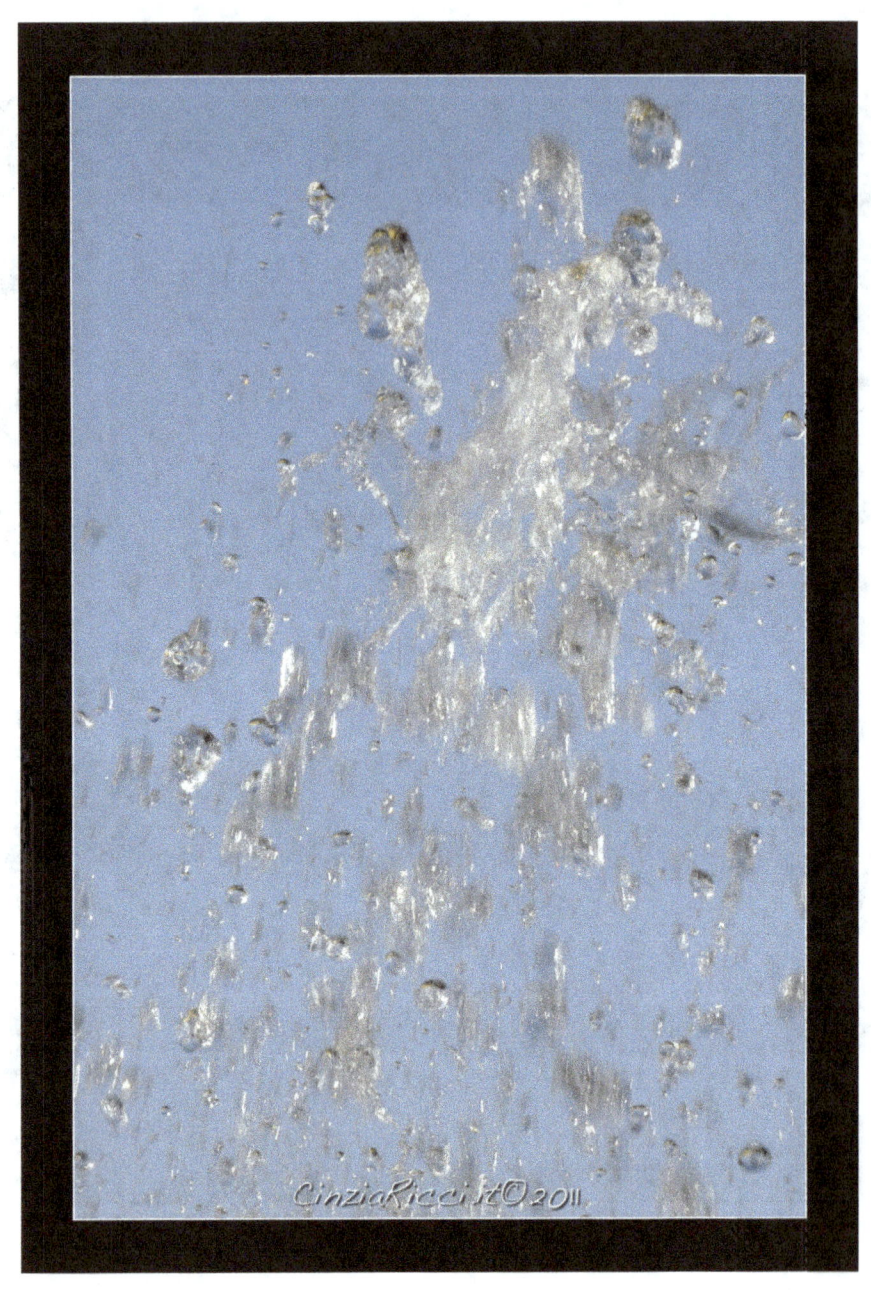

Zampillo # 9 (2011)

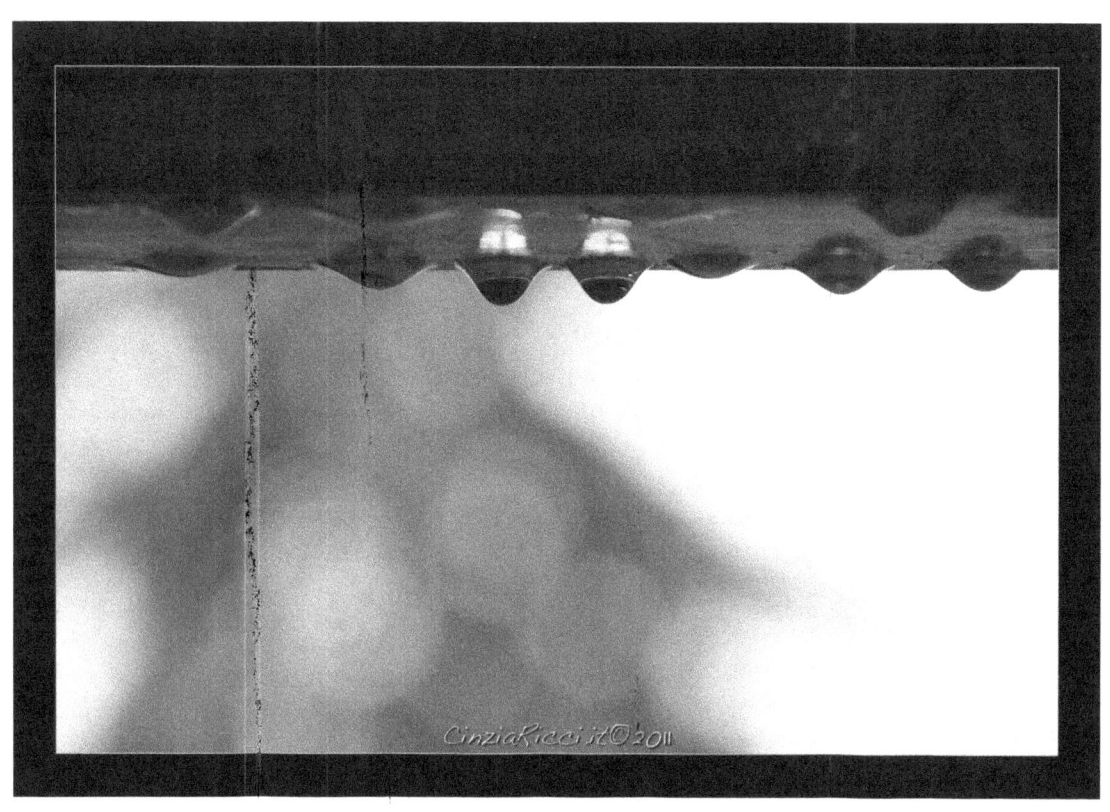

Drops # 2 (2011)

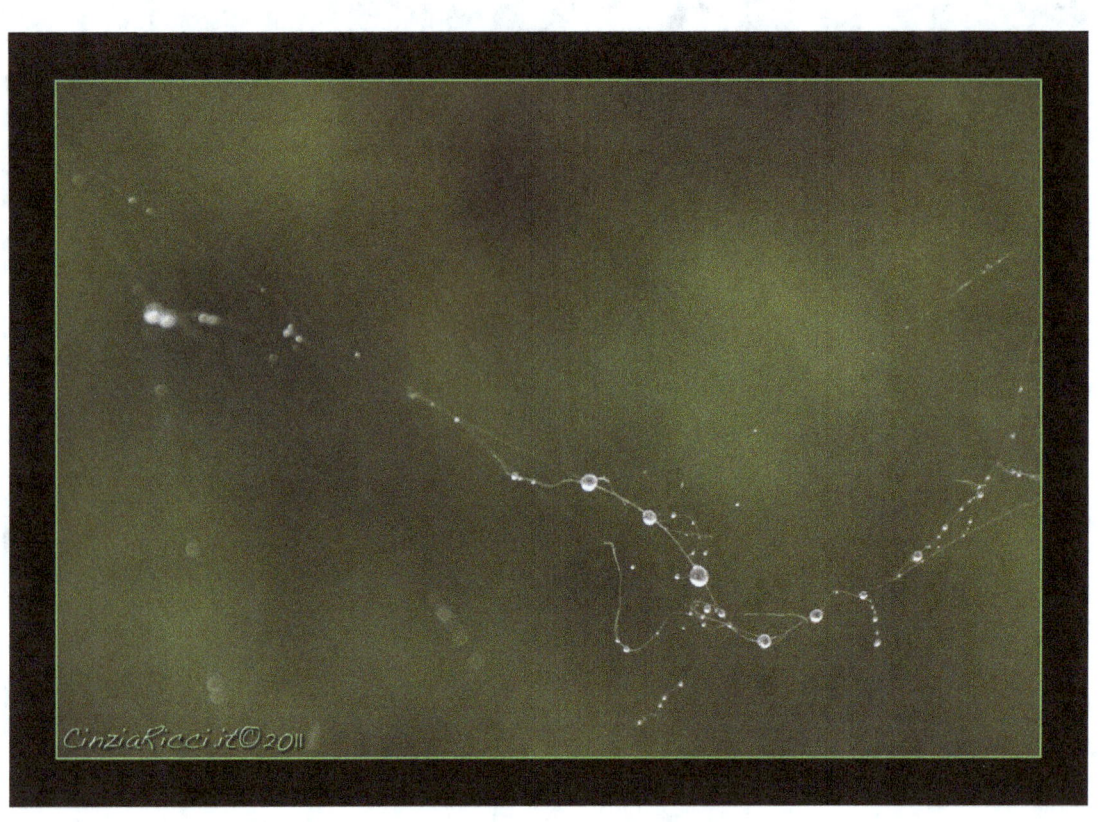

Drops # 4 (2011)

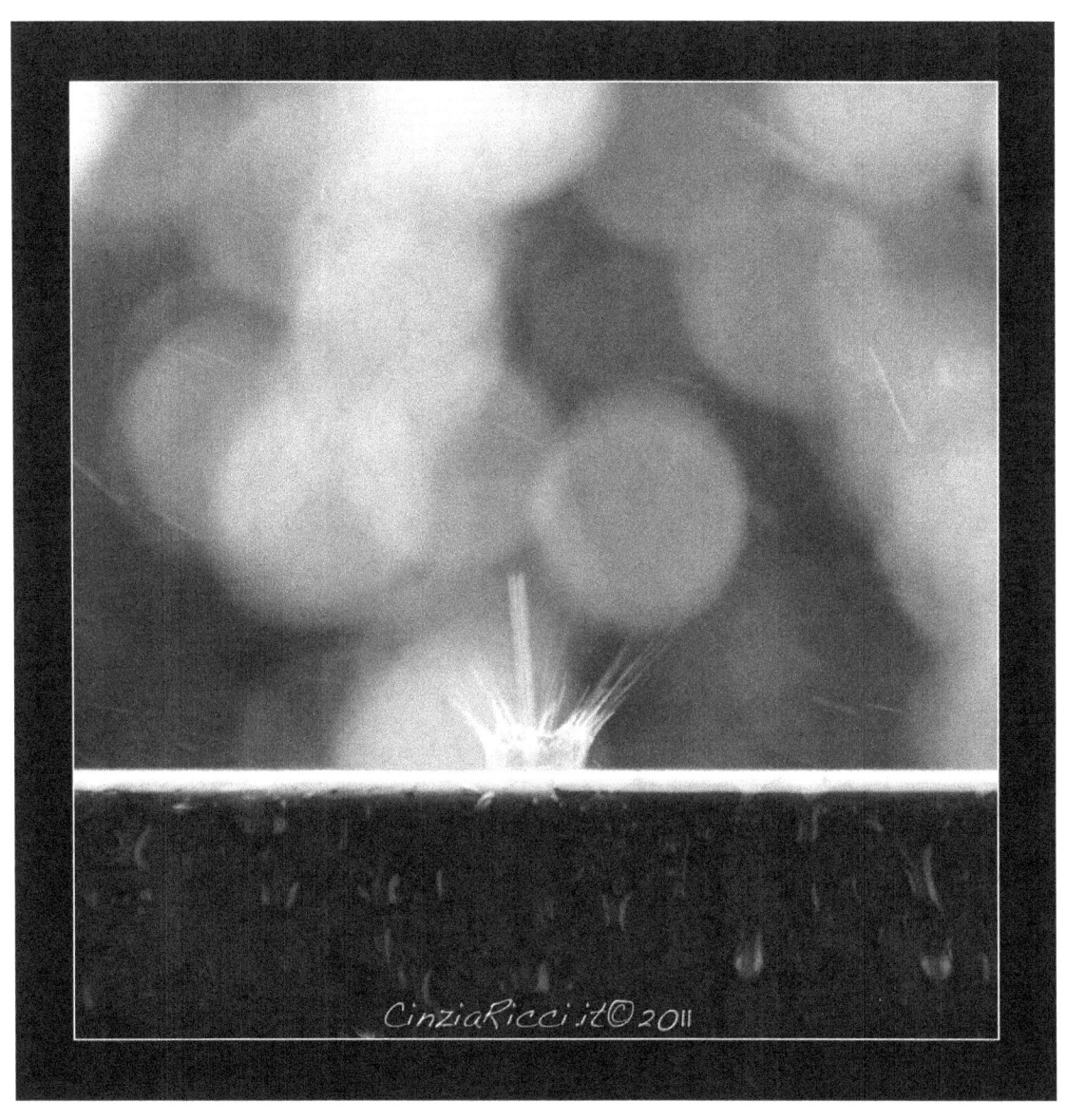

Pioggia # 25 (2011)

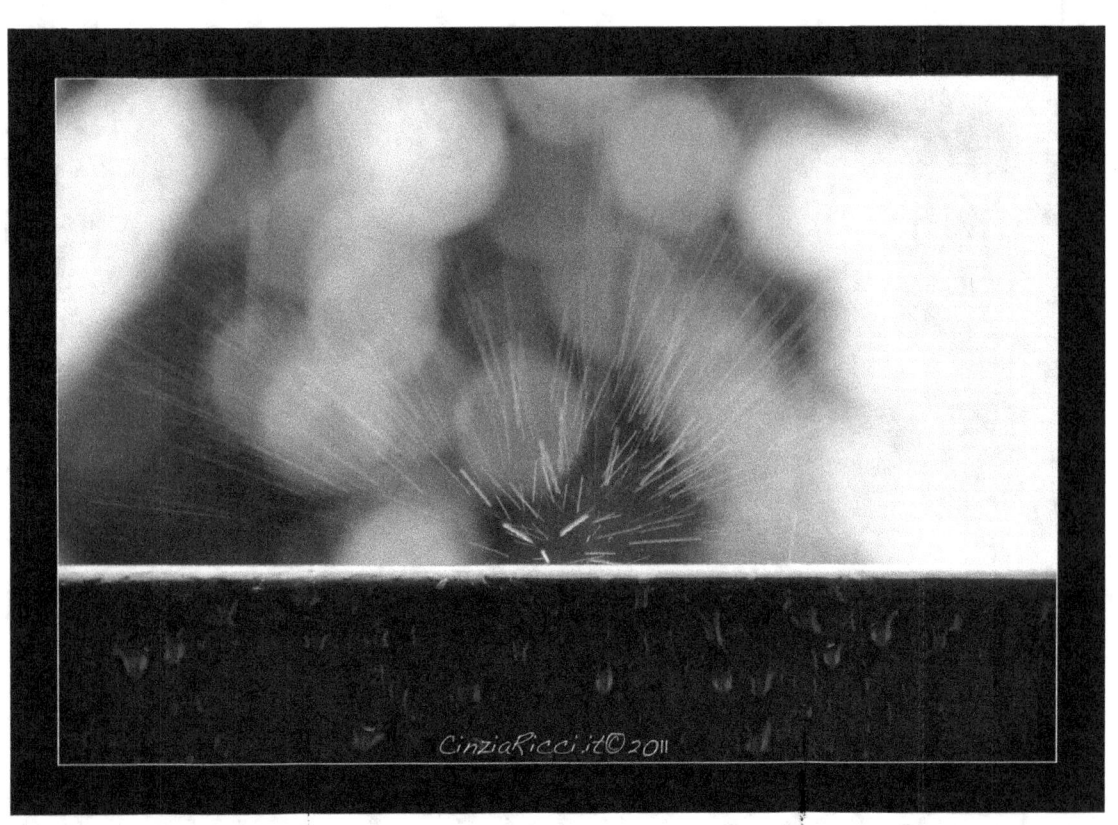

Pioggia # 26 (2011)

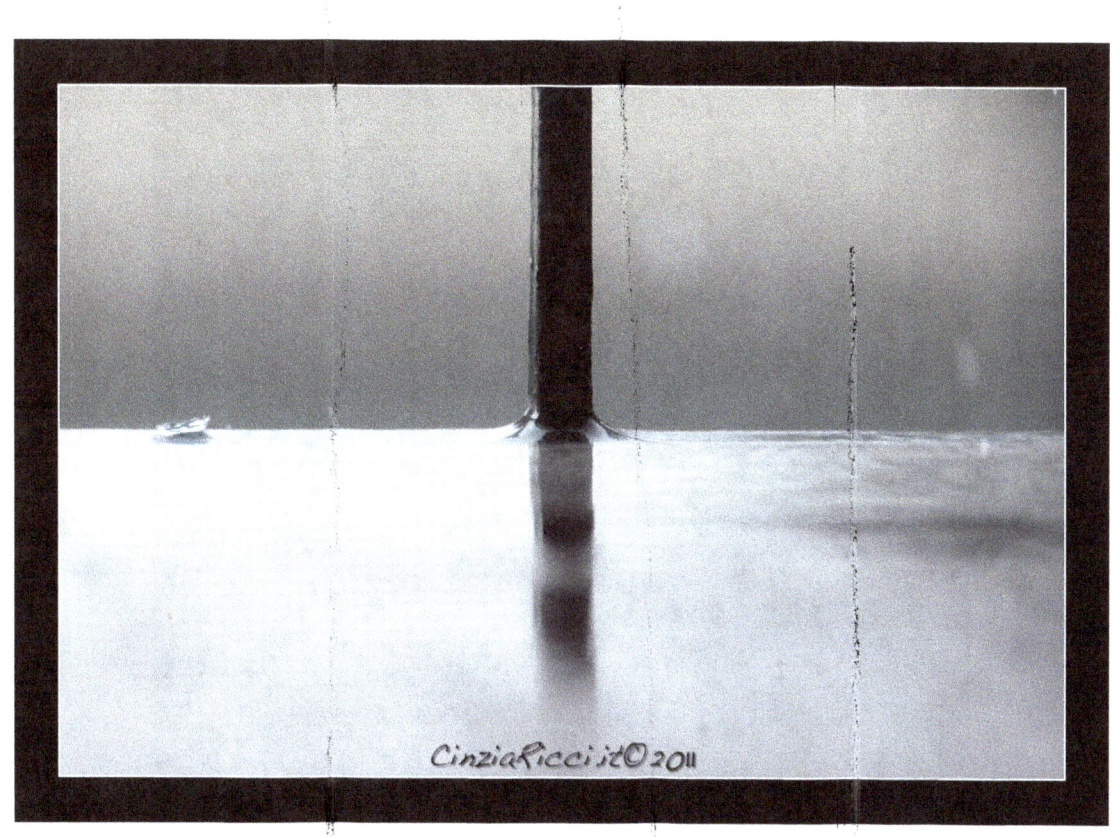

Riflesso (2011)

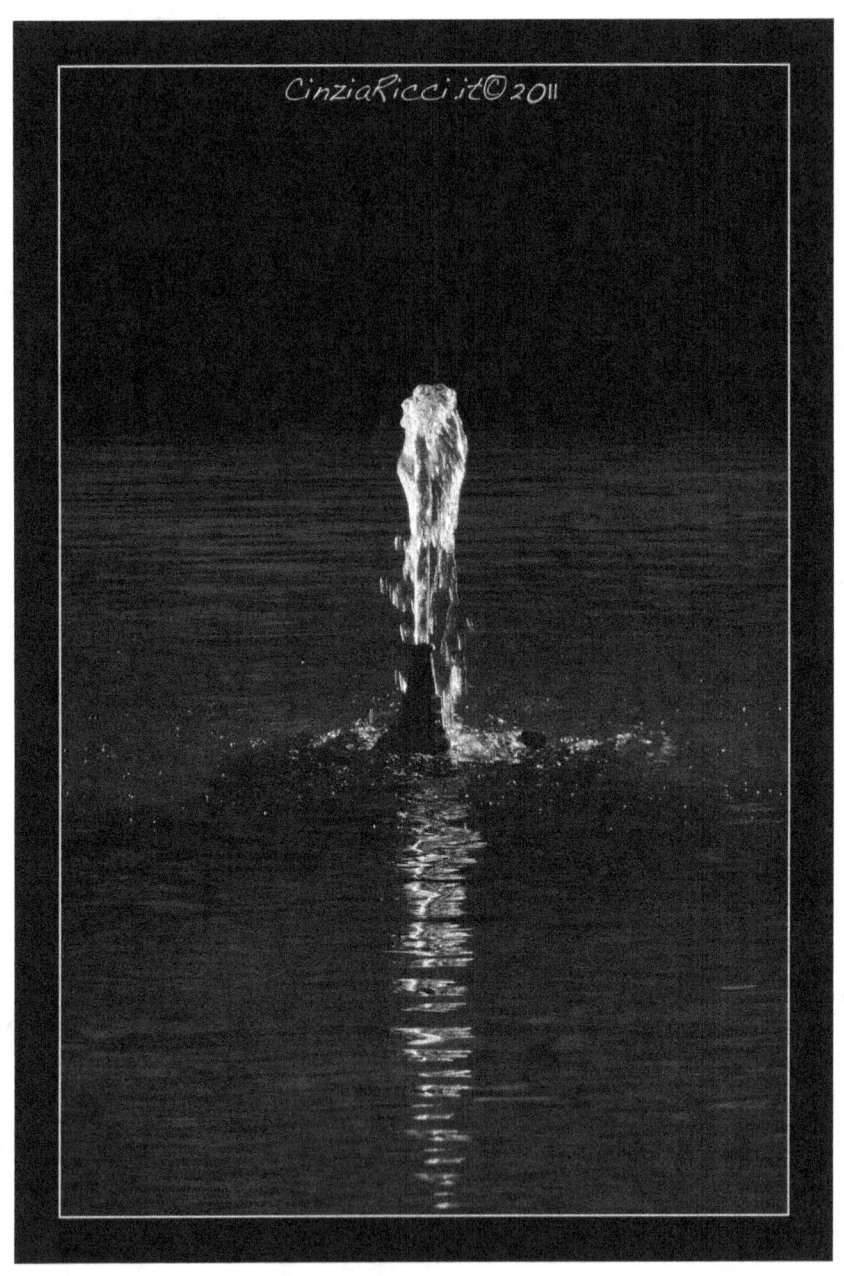

Atmosfere nottoliniane # 1 (Lucca, 2011)

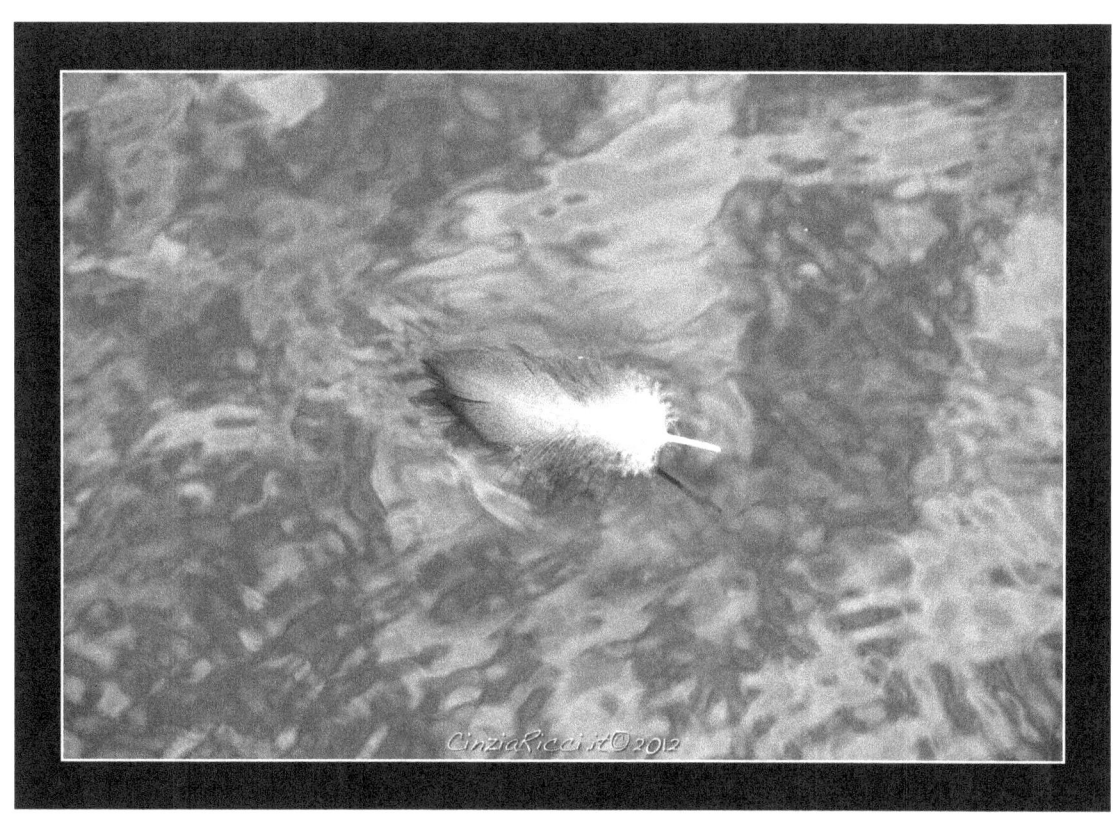

Leggerezza (Lago d'Orta, 2012)

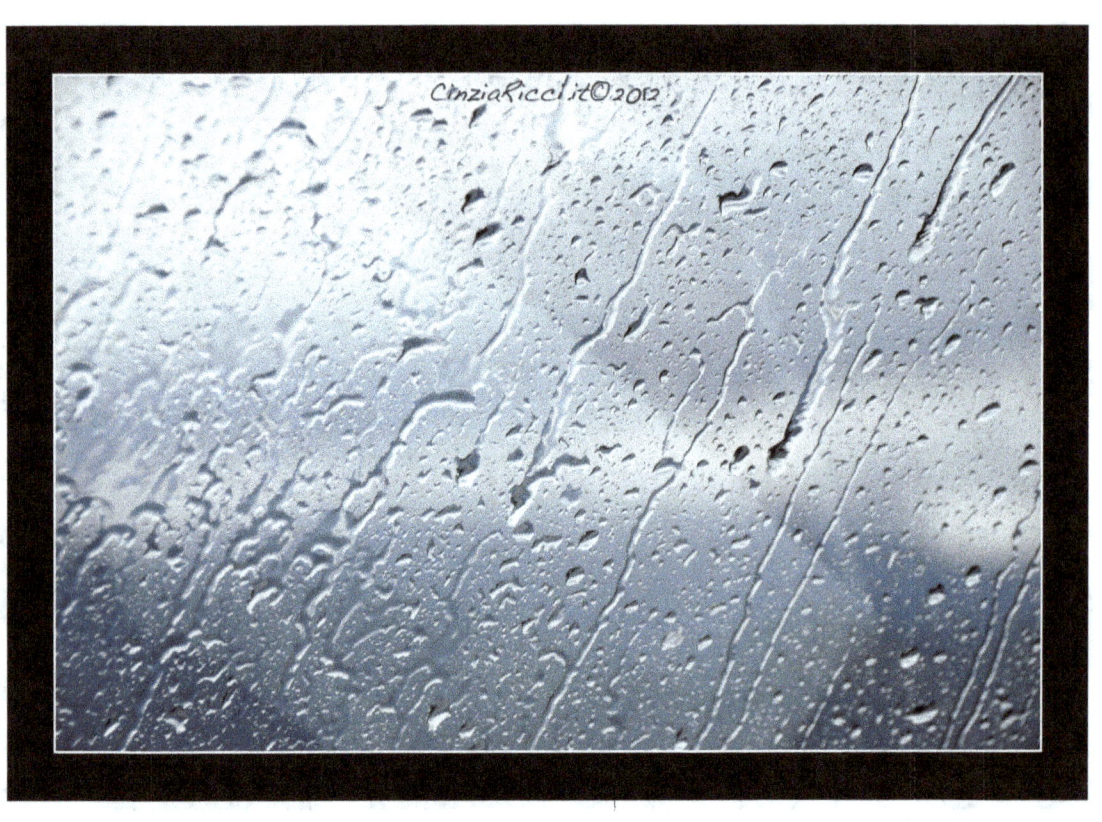

Pioggia # 1 (2012)

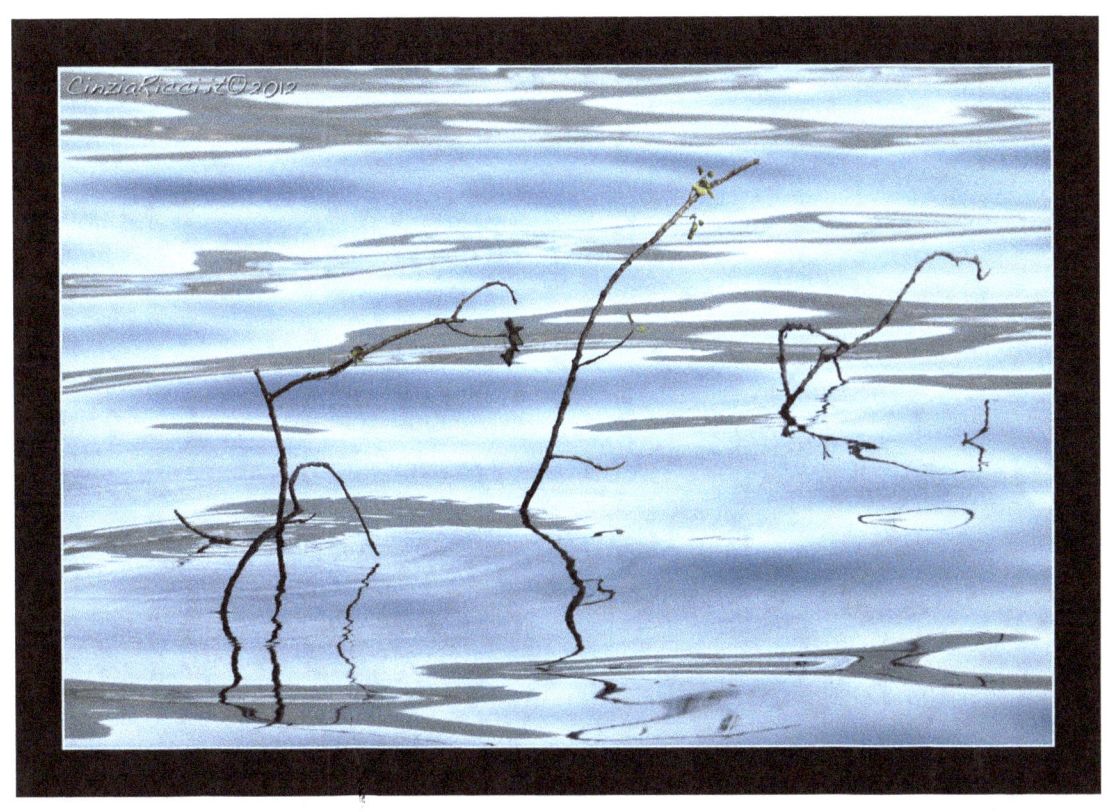

Rami affioranti (2012)

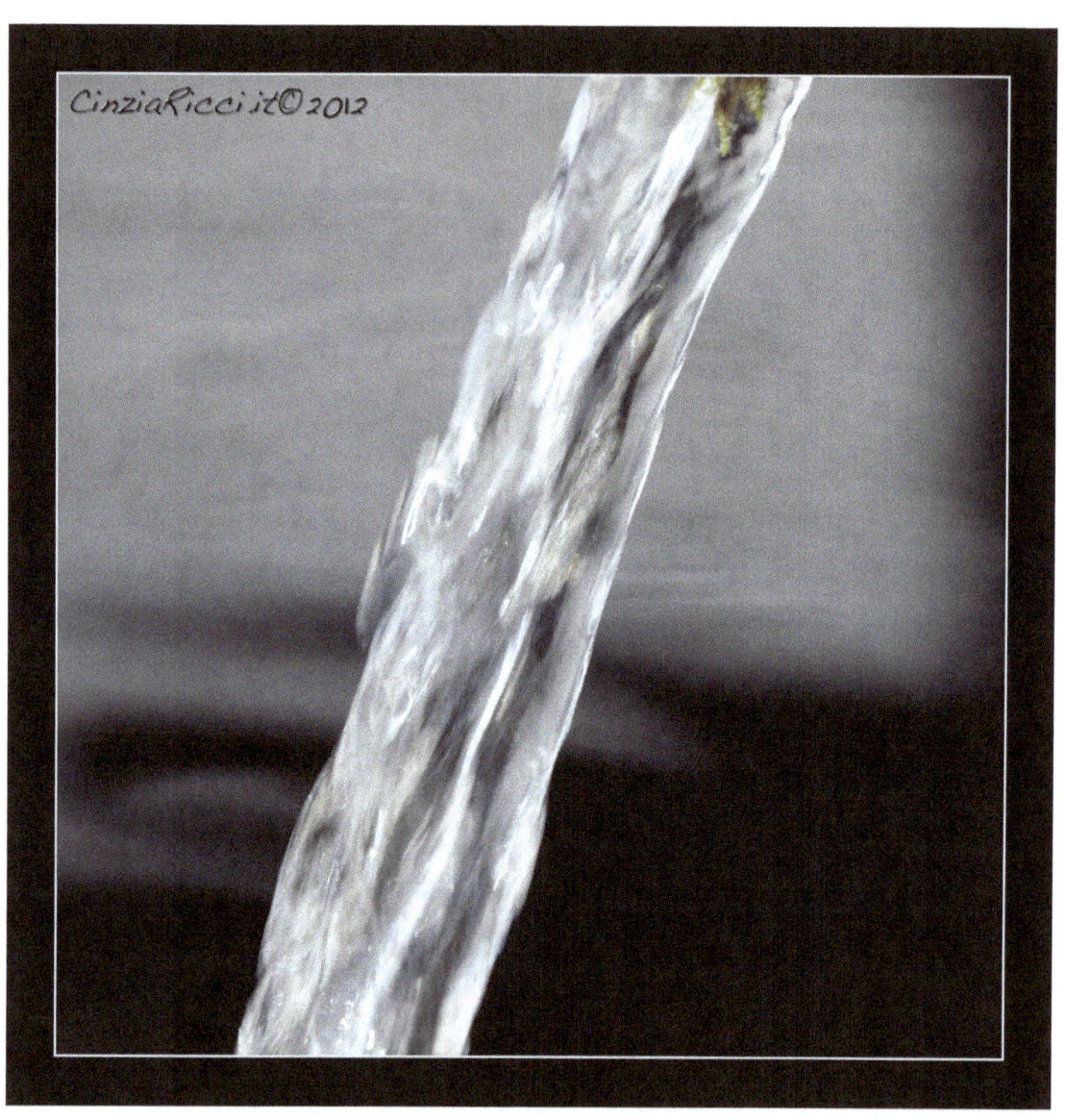

Acqua nell'acqua # 1 (2012)

La pioggia e il vento (2012)

Brina # 1 (2012)

Brina # 2 (2012)

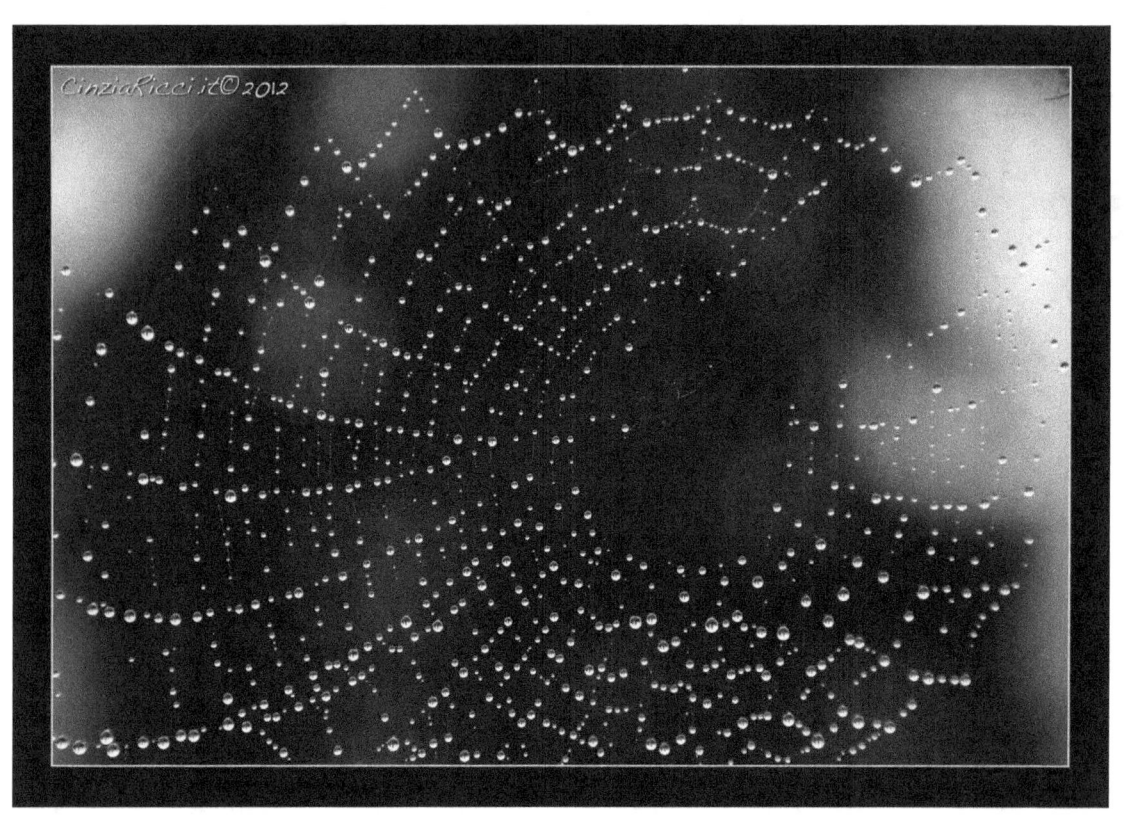

Ragnatela e pioggia # 4 (2012)

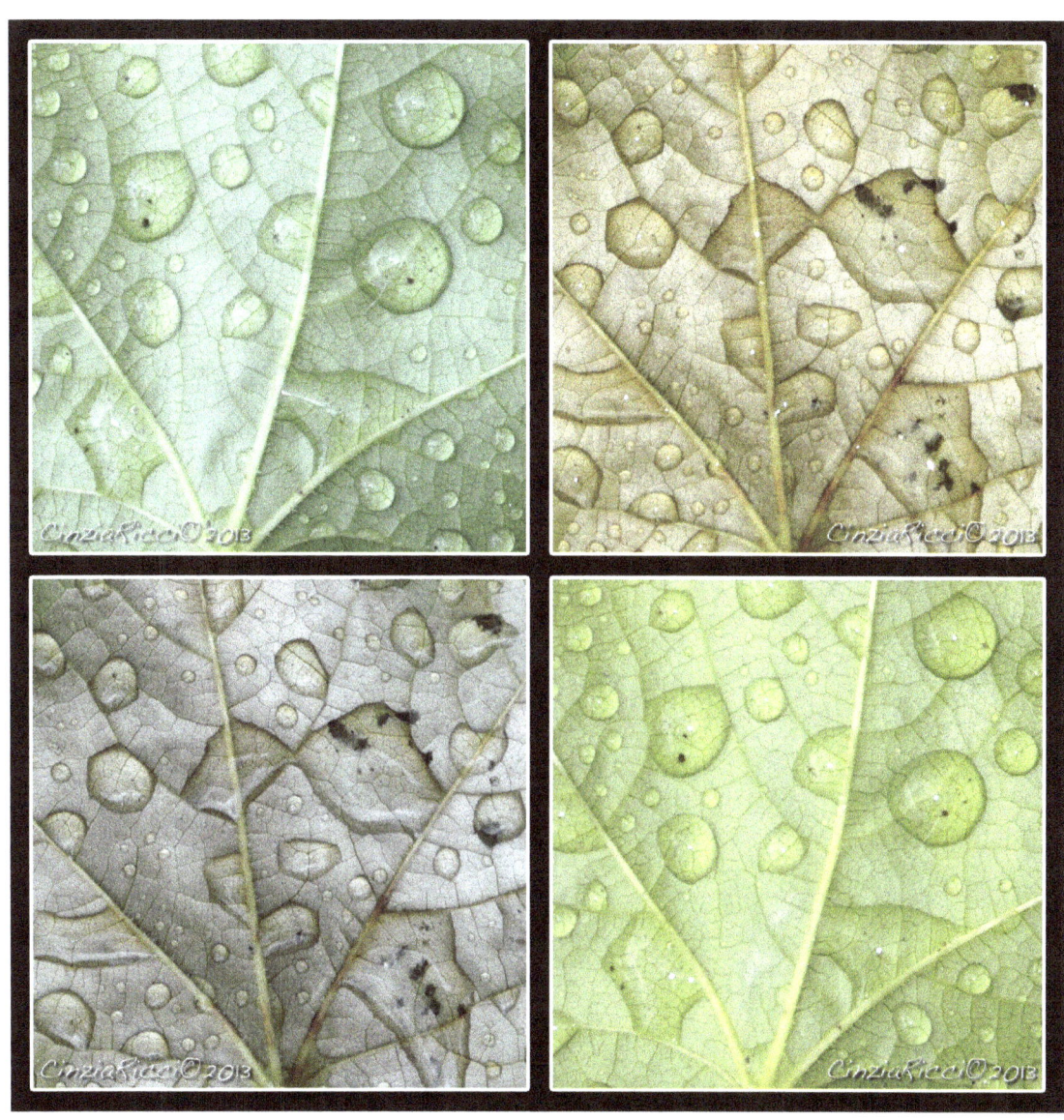

Gocce di pioggia su foglie (2013)

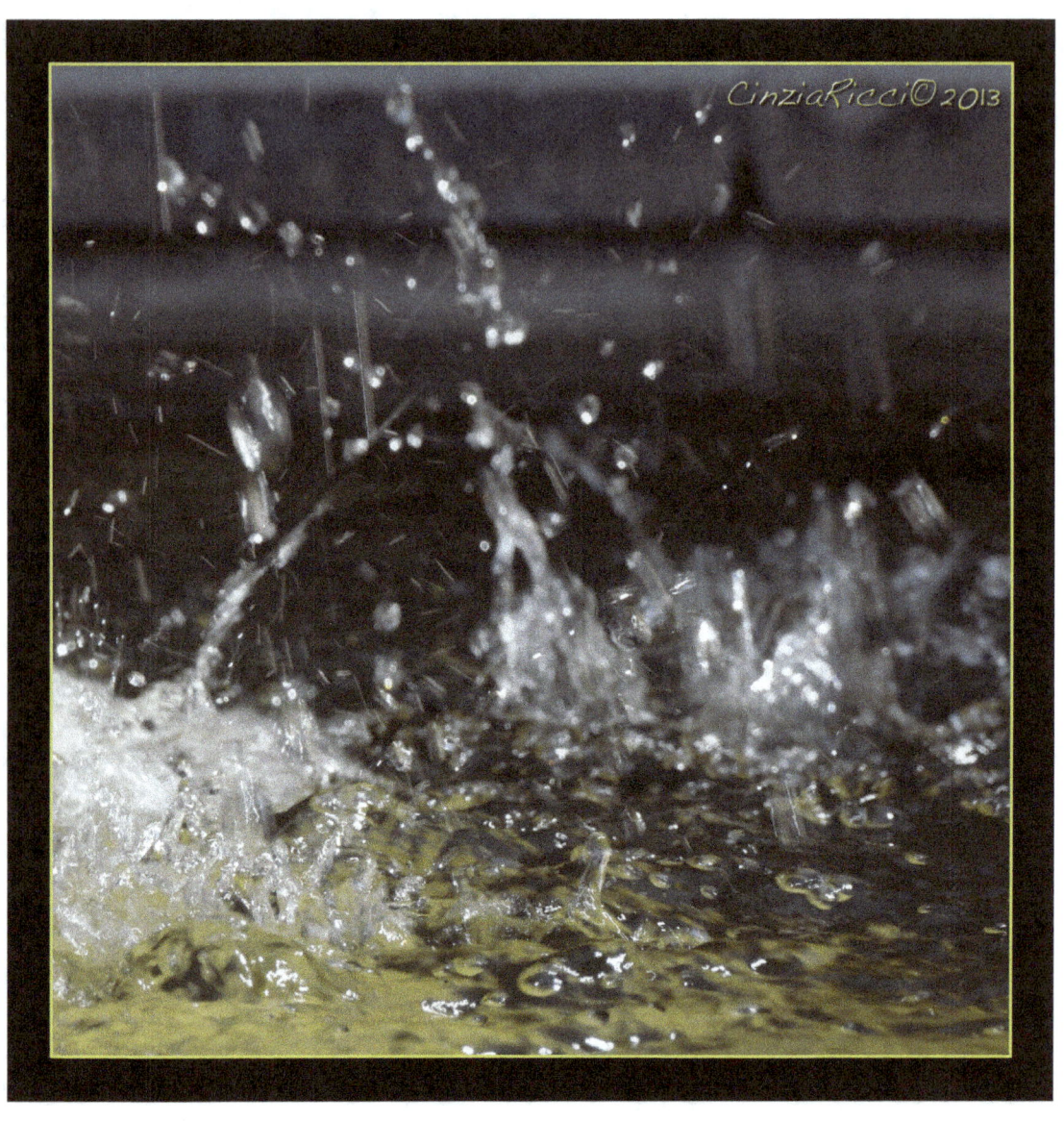

Acqua ballerina # 7 (Recanati, 2013)

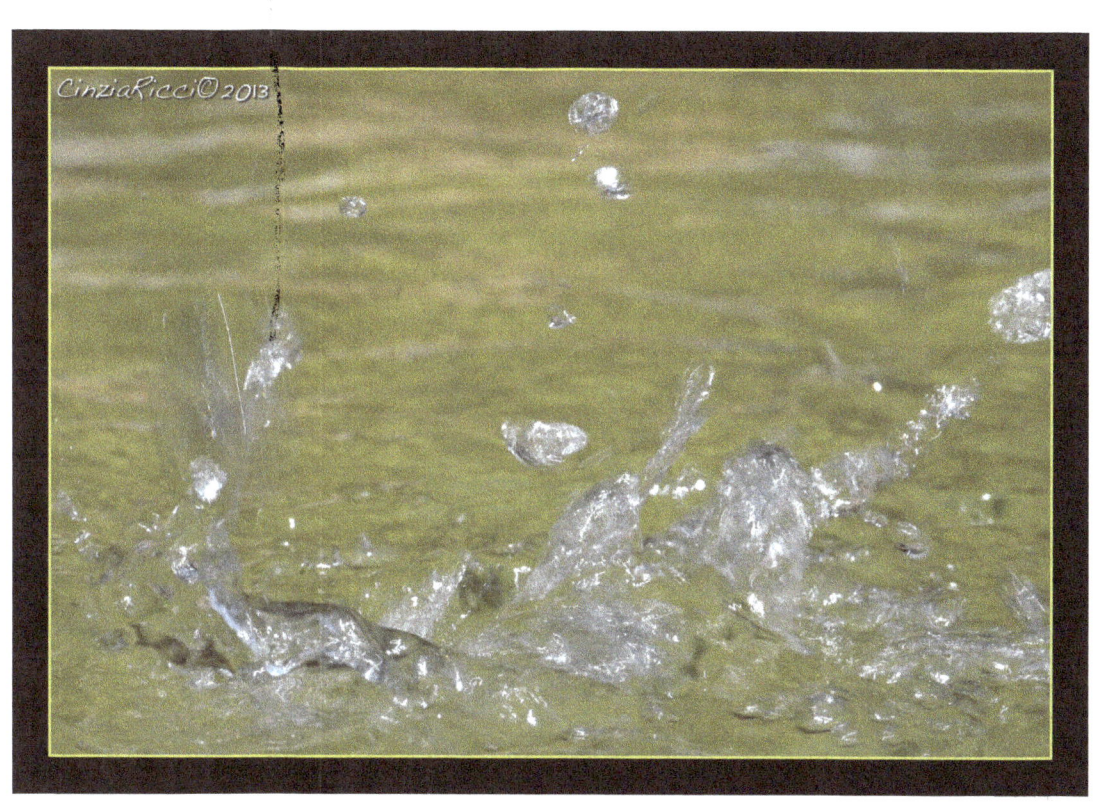

Acqua ballerina # 8 (Recanati, 2013)

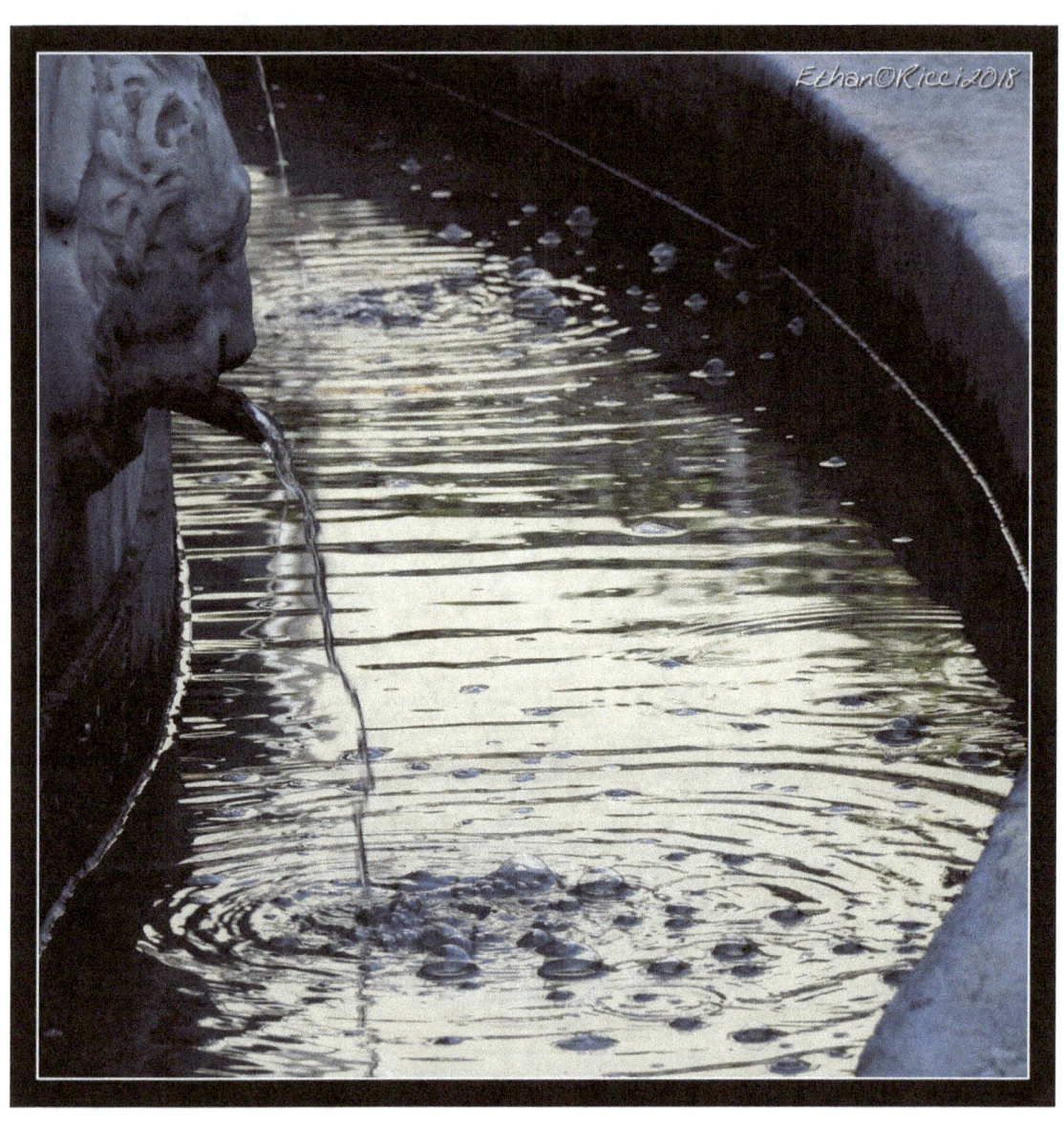

Atmosfere nottoliniane # 2 (Lucca, 2018)

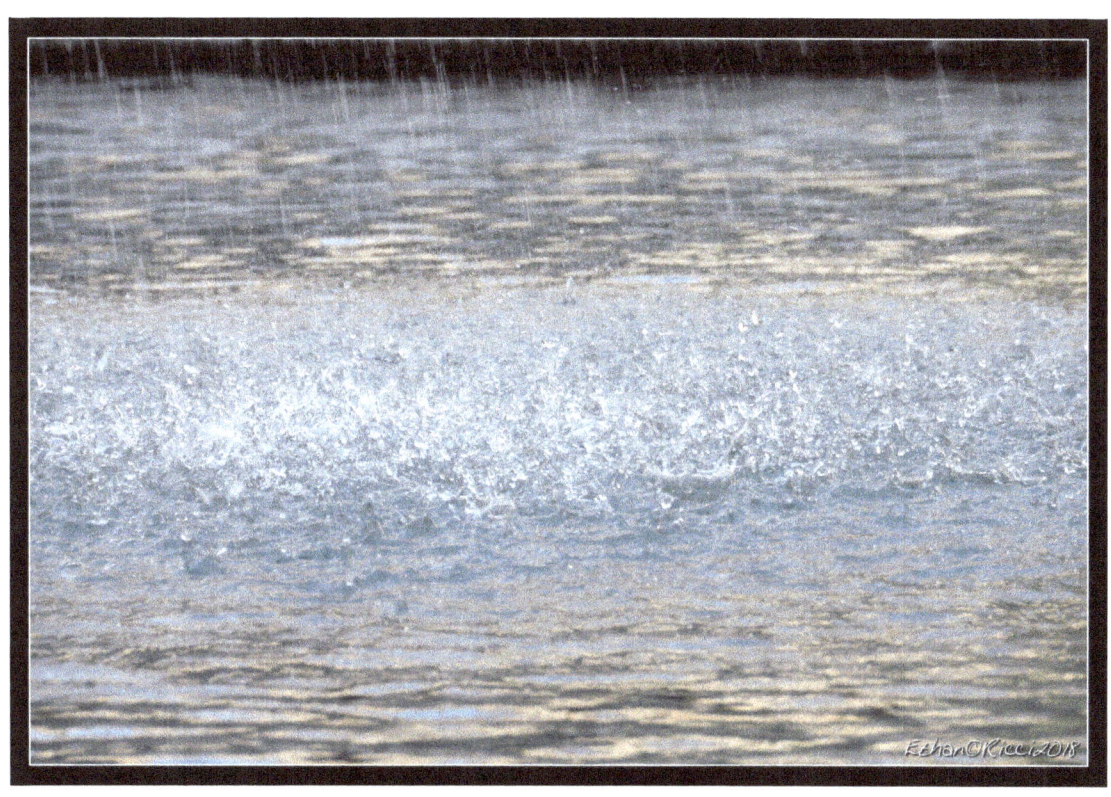

Atmosfere nottoliniane # 3 (Lucca, 2018)

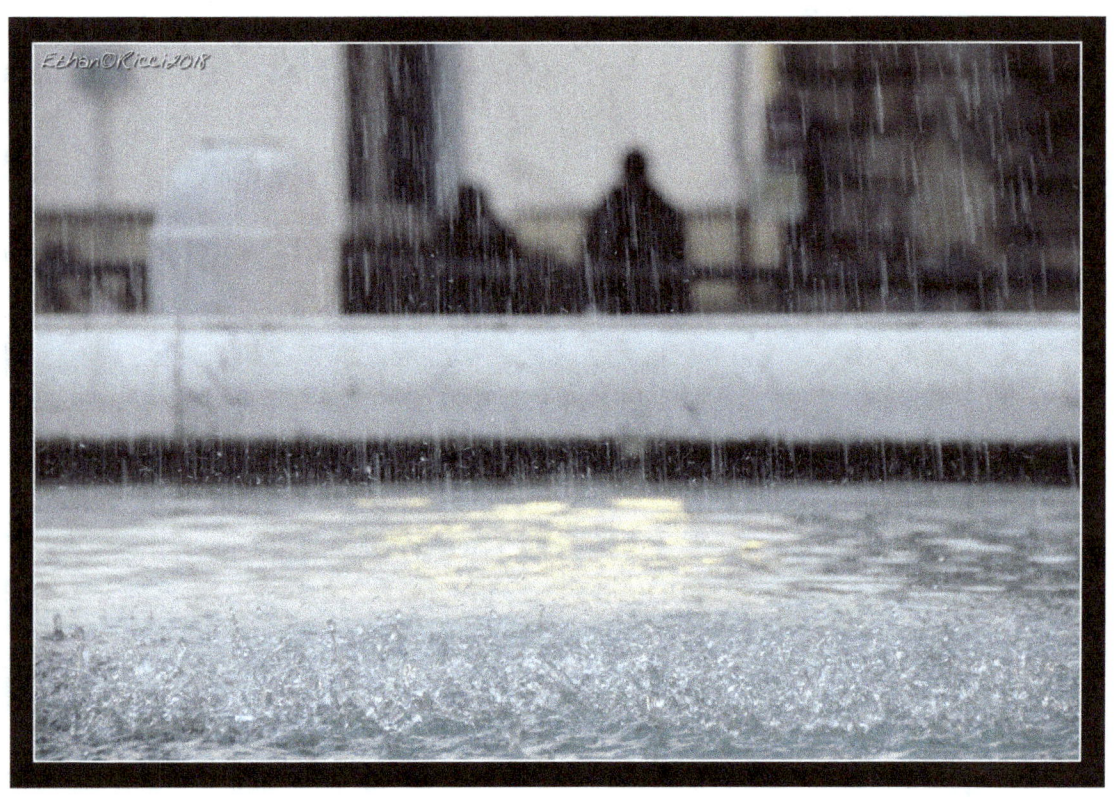

Atmosfere nottoliniane # 4 (Lucca, 2018)

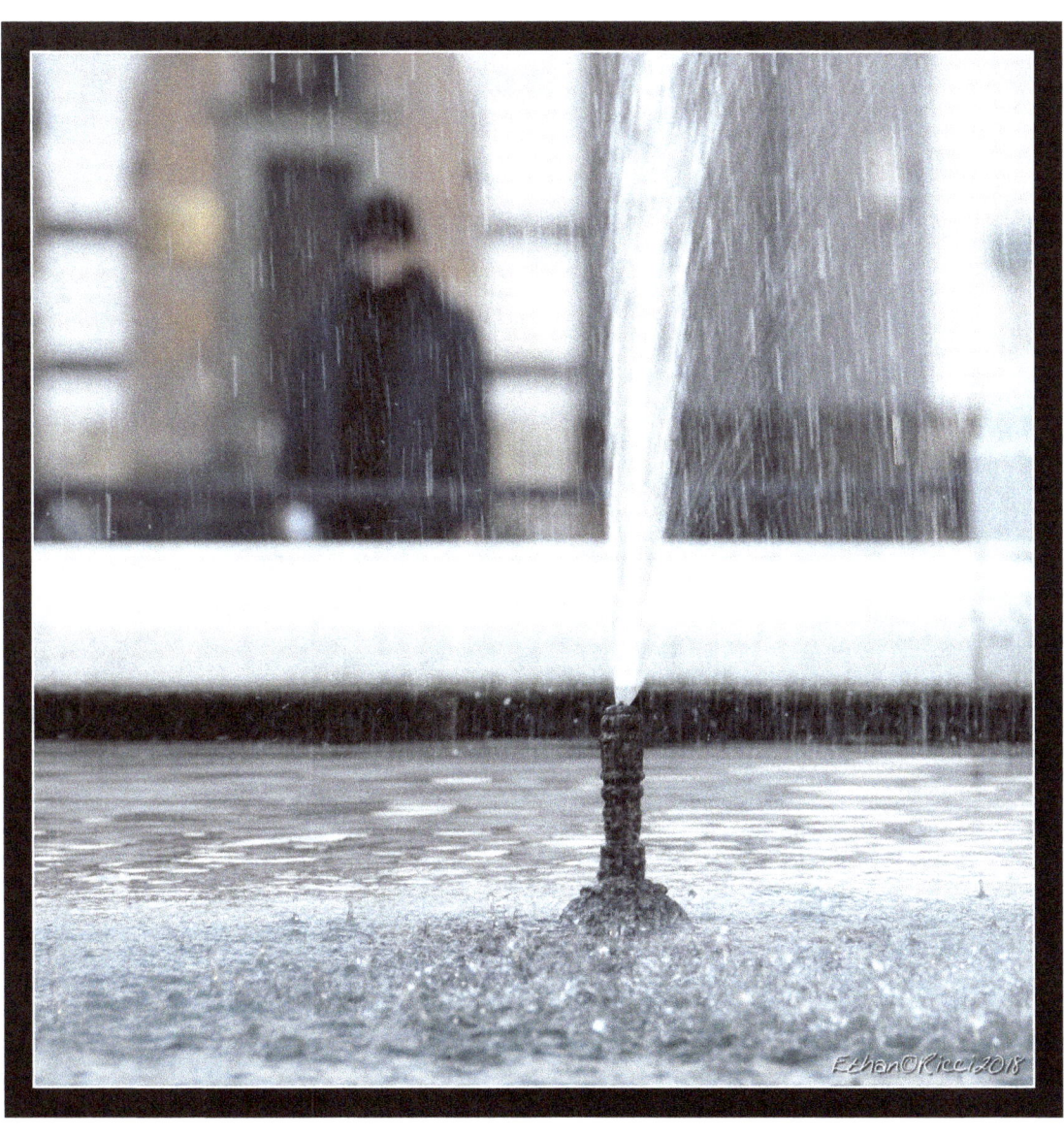

Atmosfere nottoliniane # 5 (Lucca), 2018)

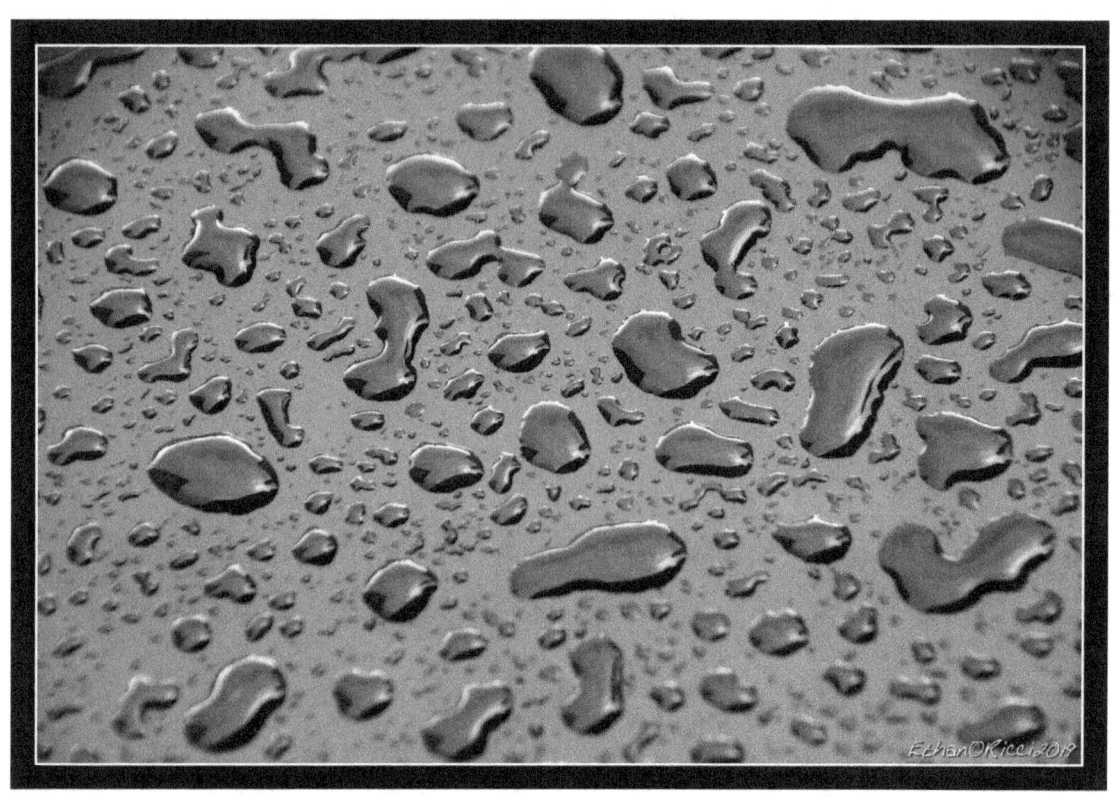

Gocce d'Aprile # 1 (2019)

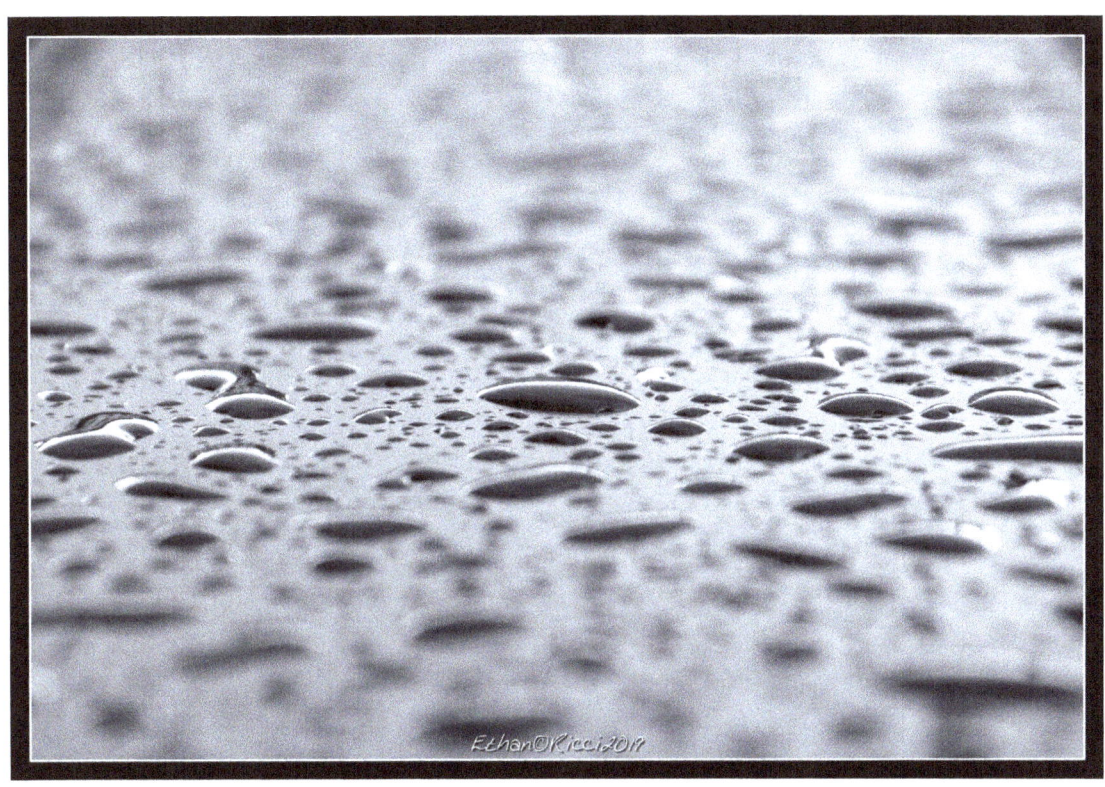

Gocce d'Aprile # 1 (2019)

Pioggia novembrina (2019)

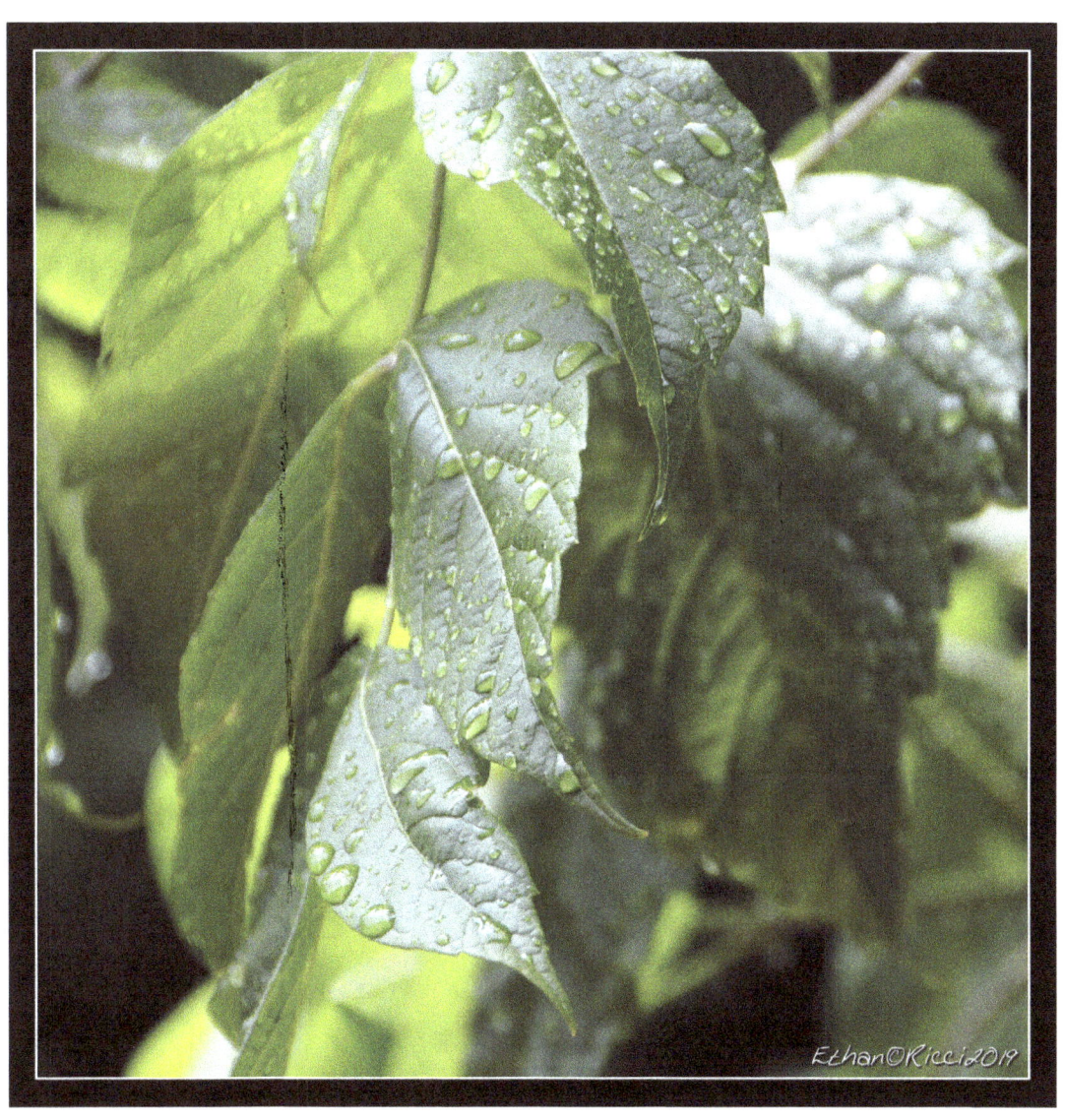

Gocce e foglie # 1 (2019)

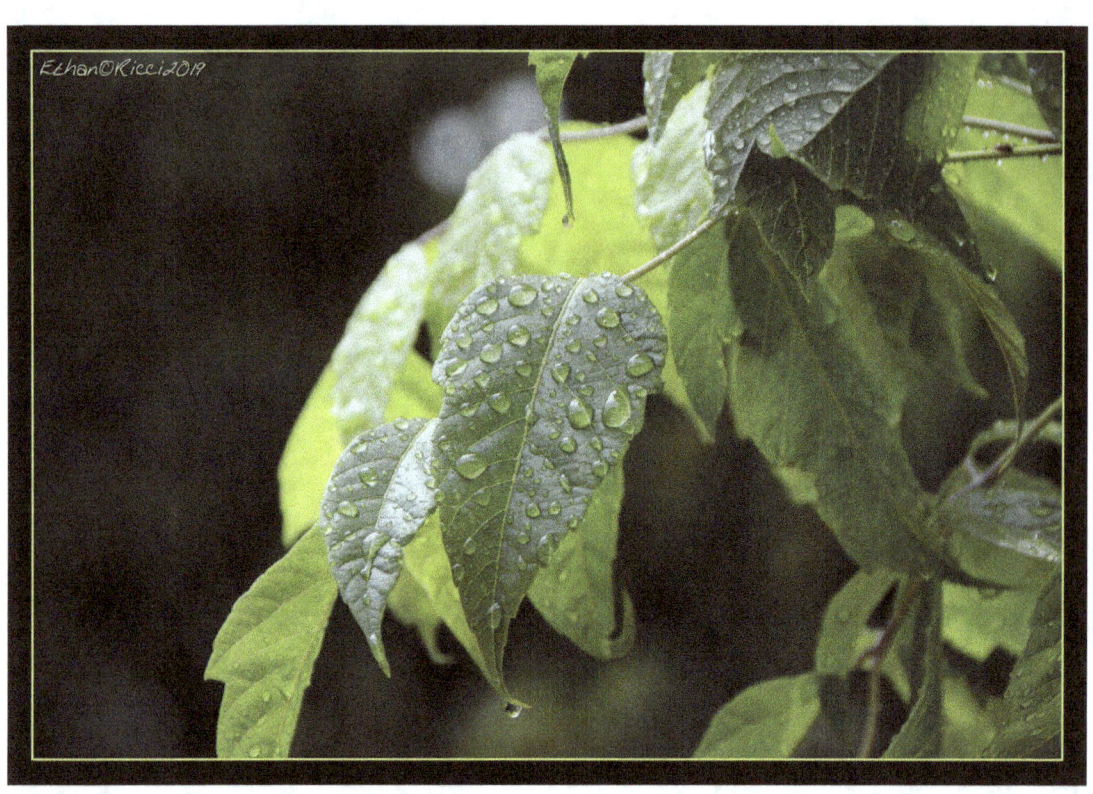

Gocce e foglie # 2 - Dettaglio (2019)

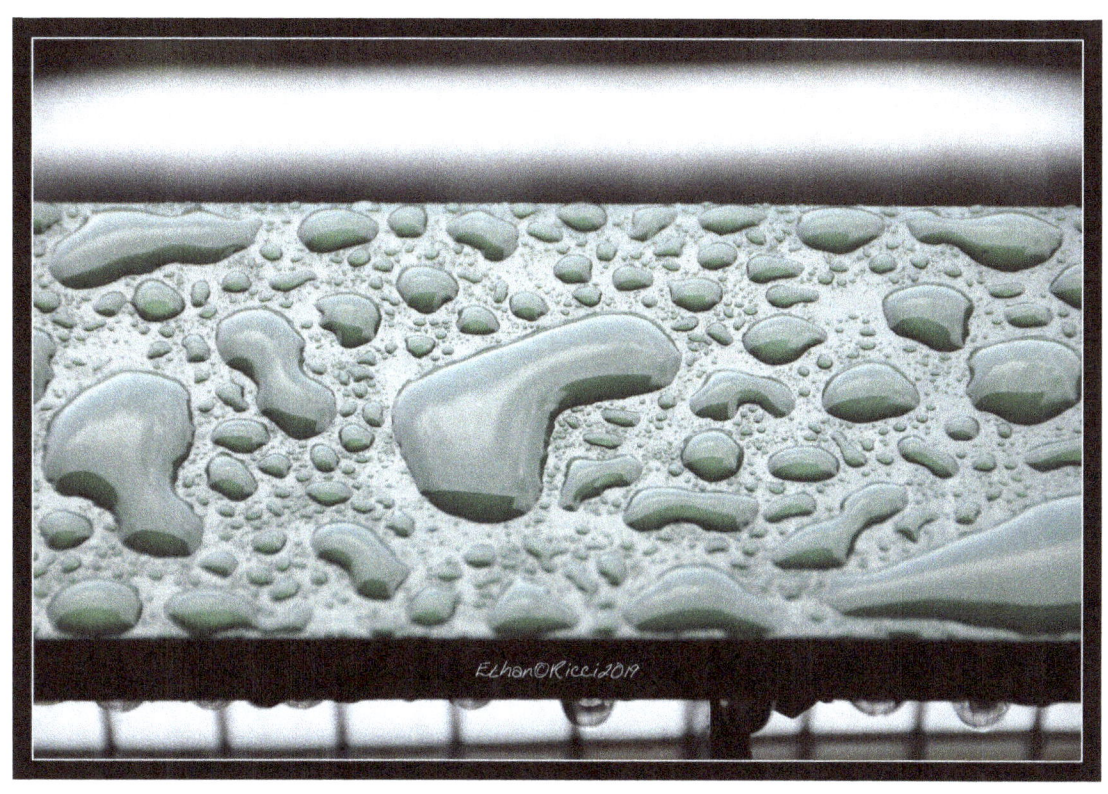

Pioggia sul balcone di casa # 1 (2019)

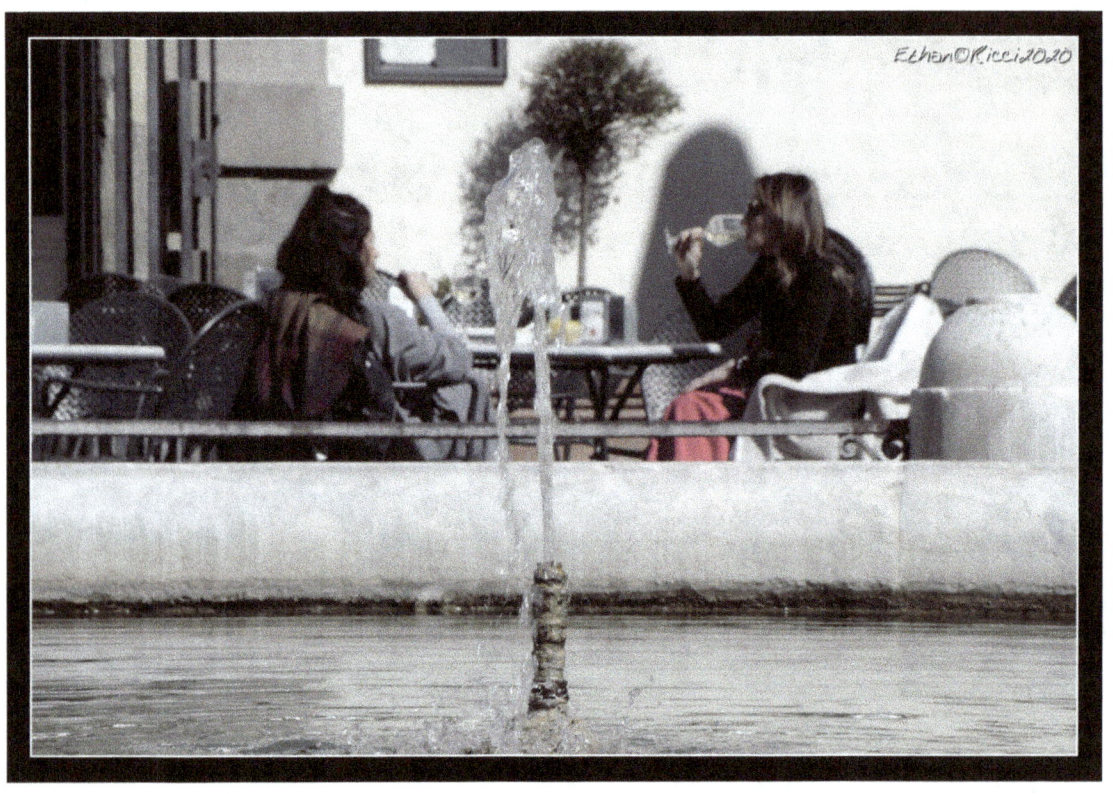

Atmosfere nottoliniane # 6 (Lucca, 2020)

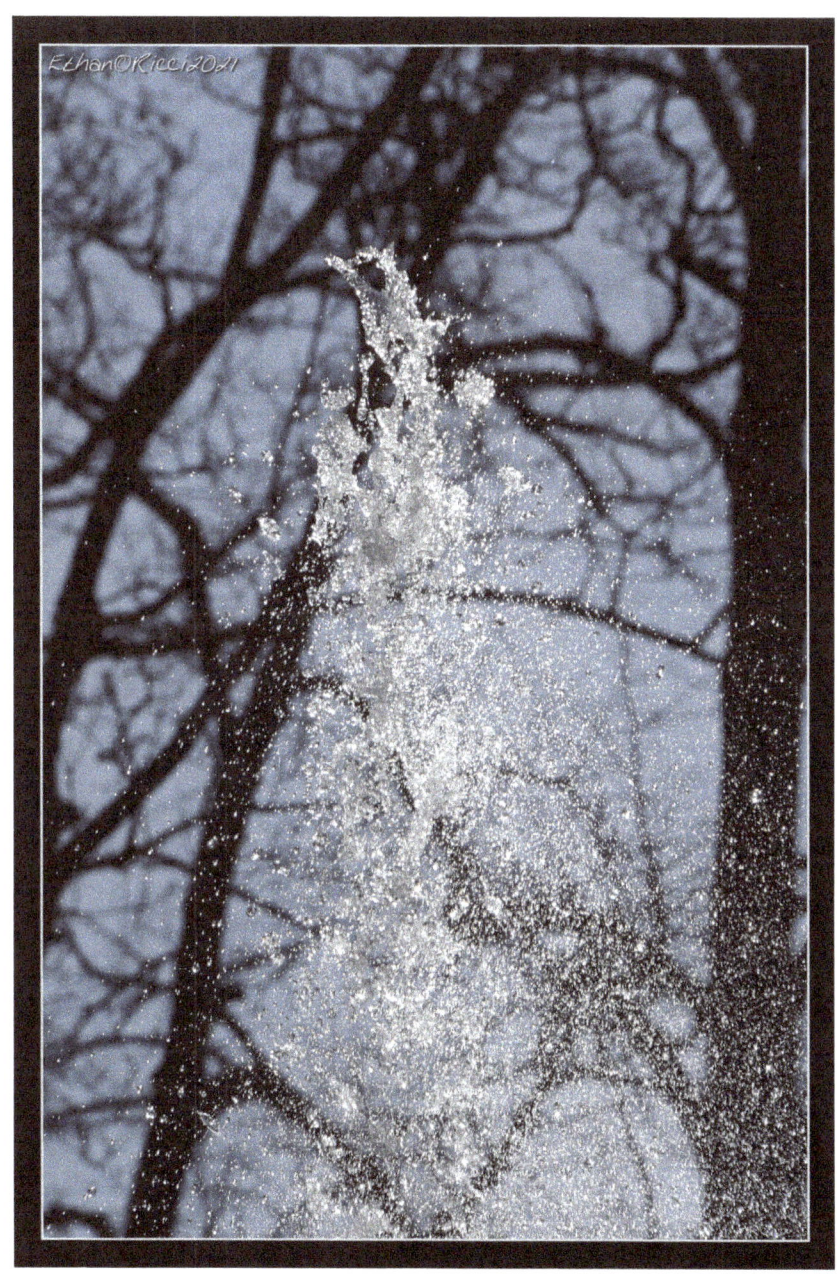

Zampillo (2021)

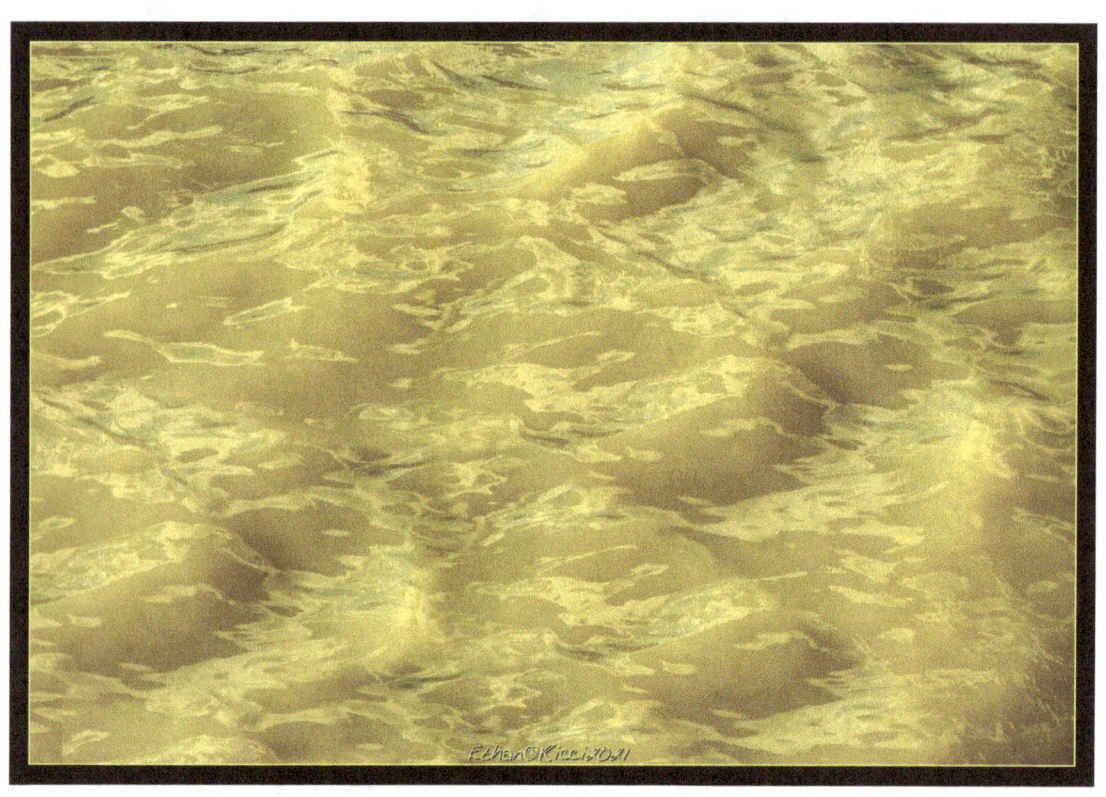

Giallo # 1 (Parco di Serravalle, Empoli, 2021)

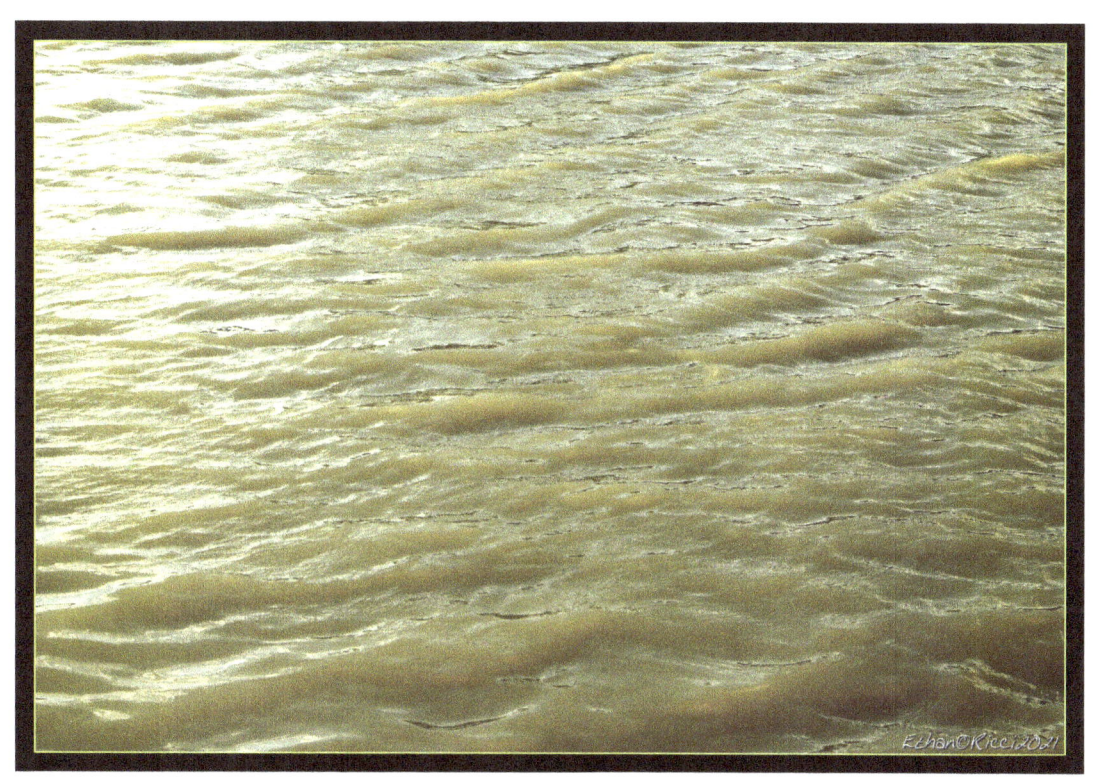

Giallo # 2 (Parco di Serravalle, Empoli, 2021)

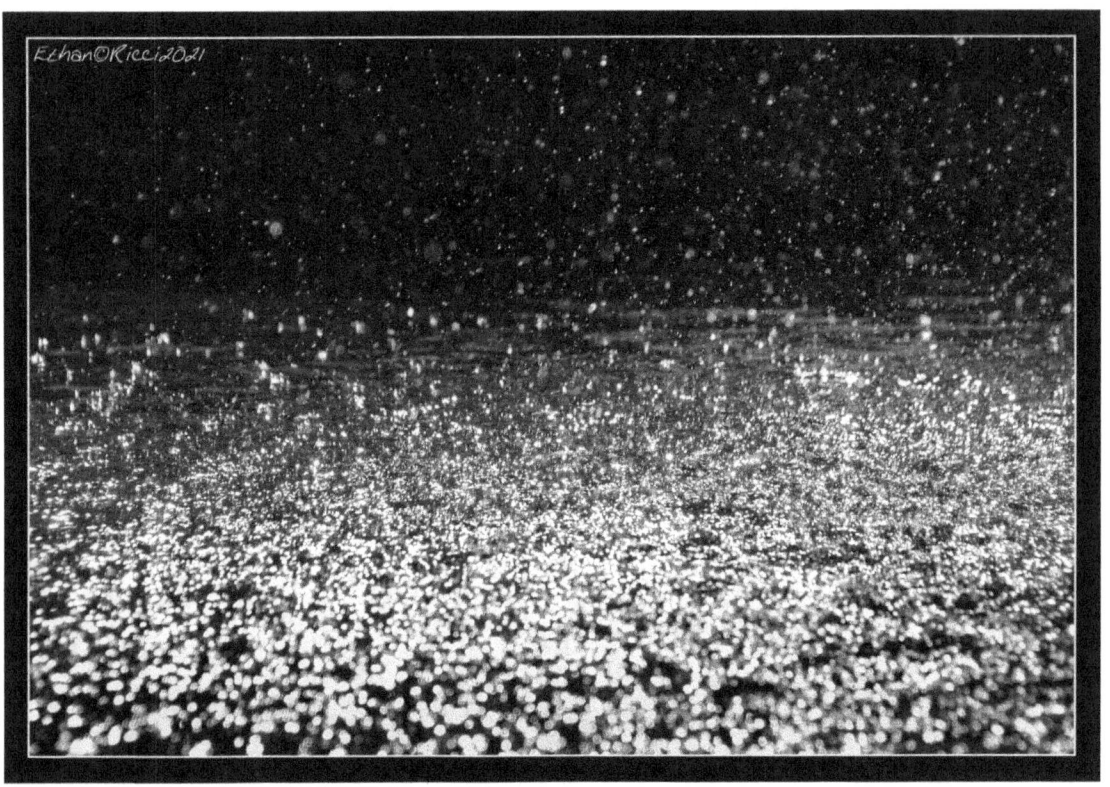

Come lucciole (2021)

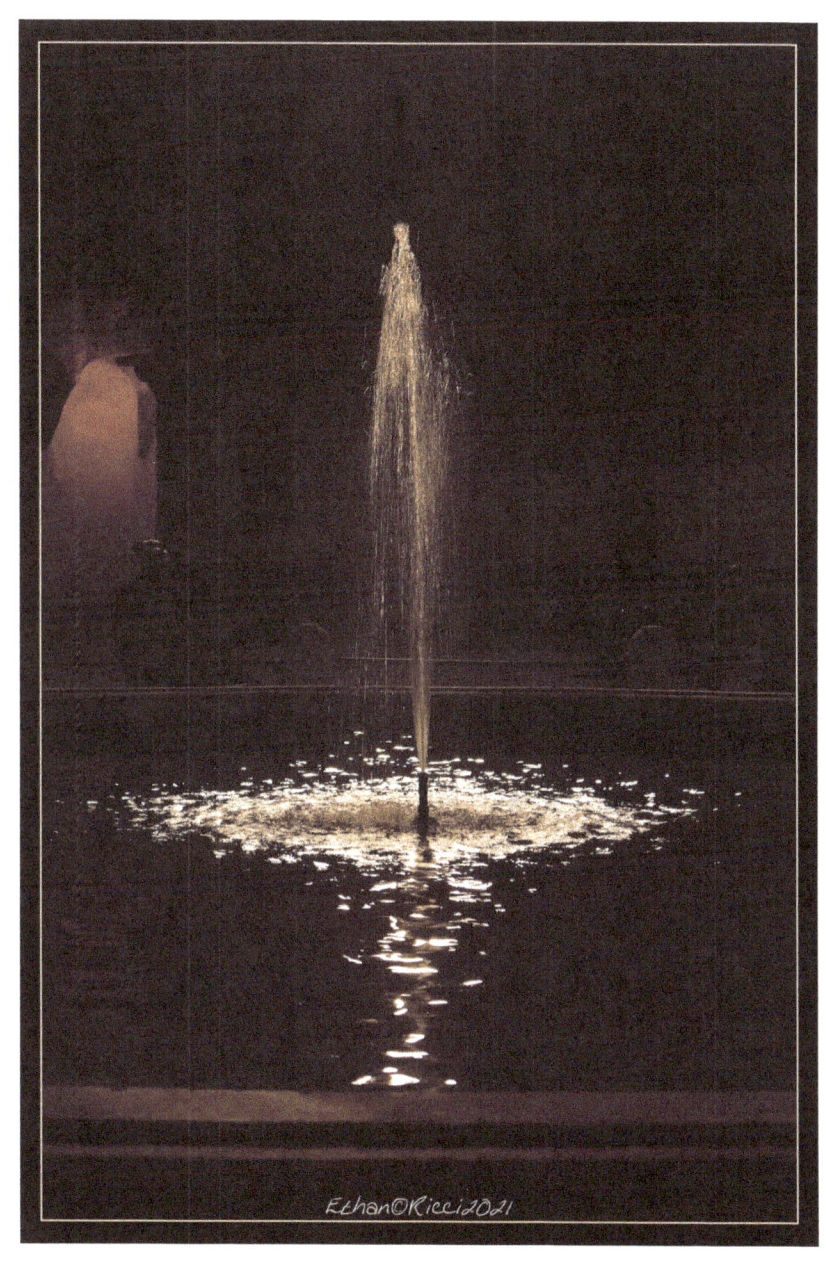

Atmosfere nottoliniane # 7 (Lucca, 2021)

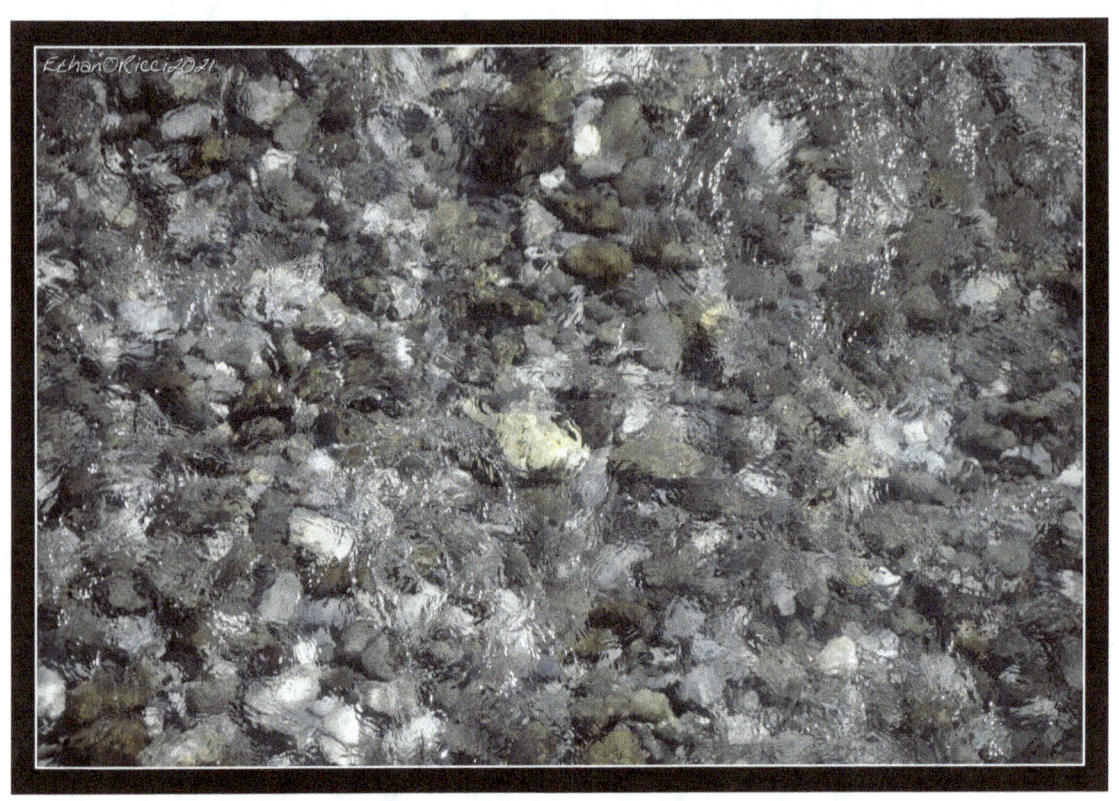

Ciottoli (Fiume Serchio, 2021)

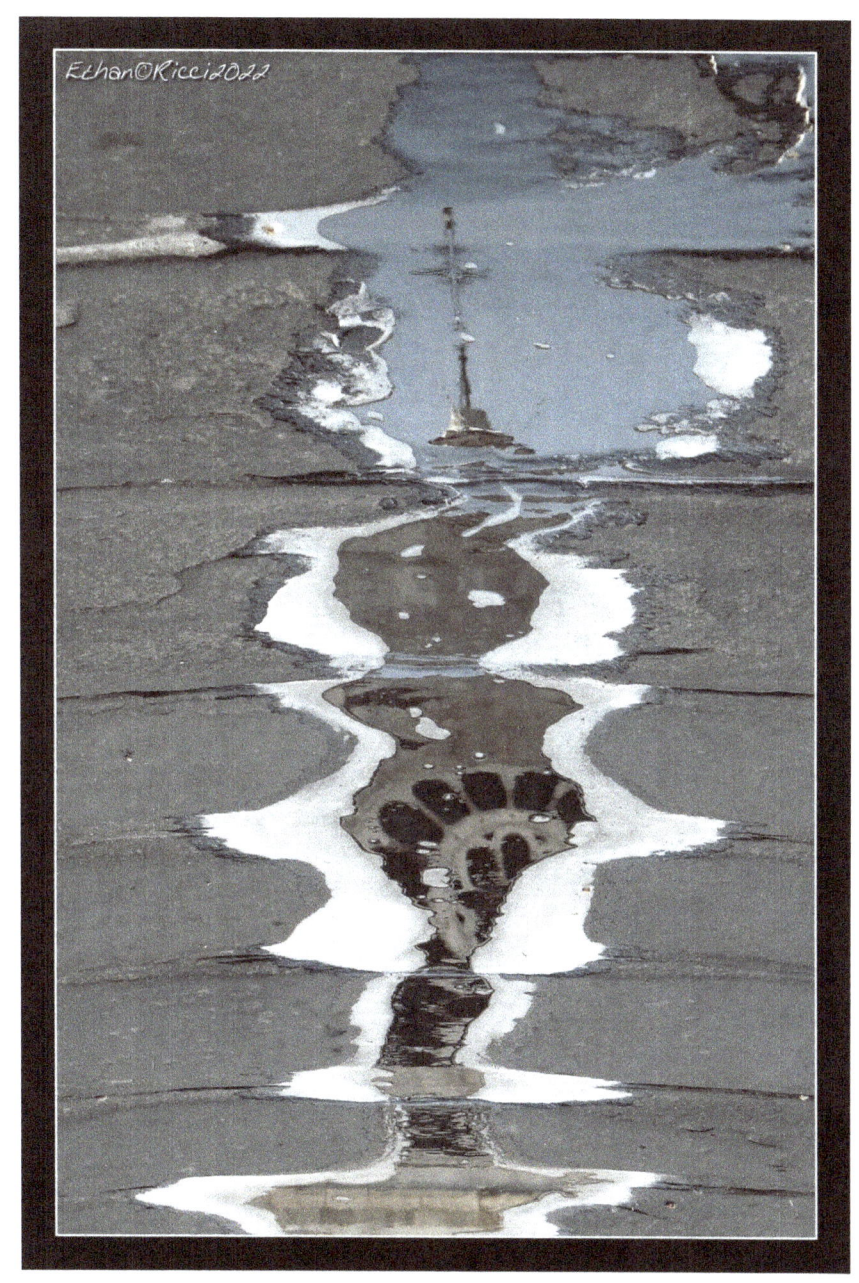

Devozione riflessa (Lucca, 2022)

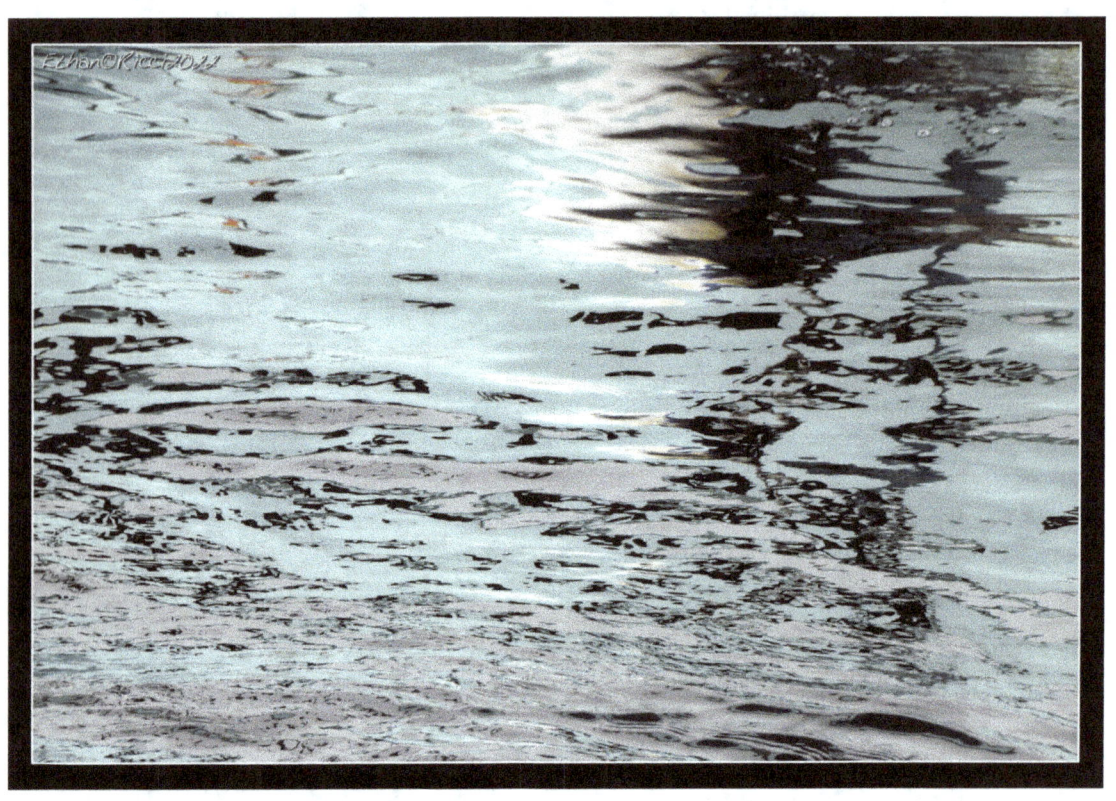

Colori # 1 (2022)

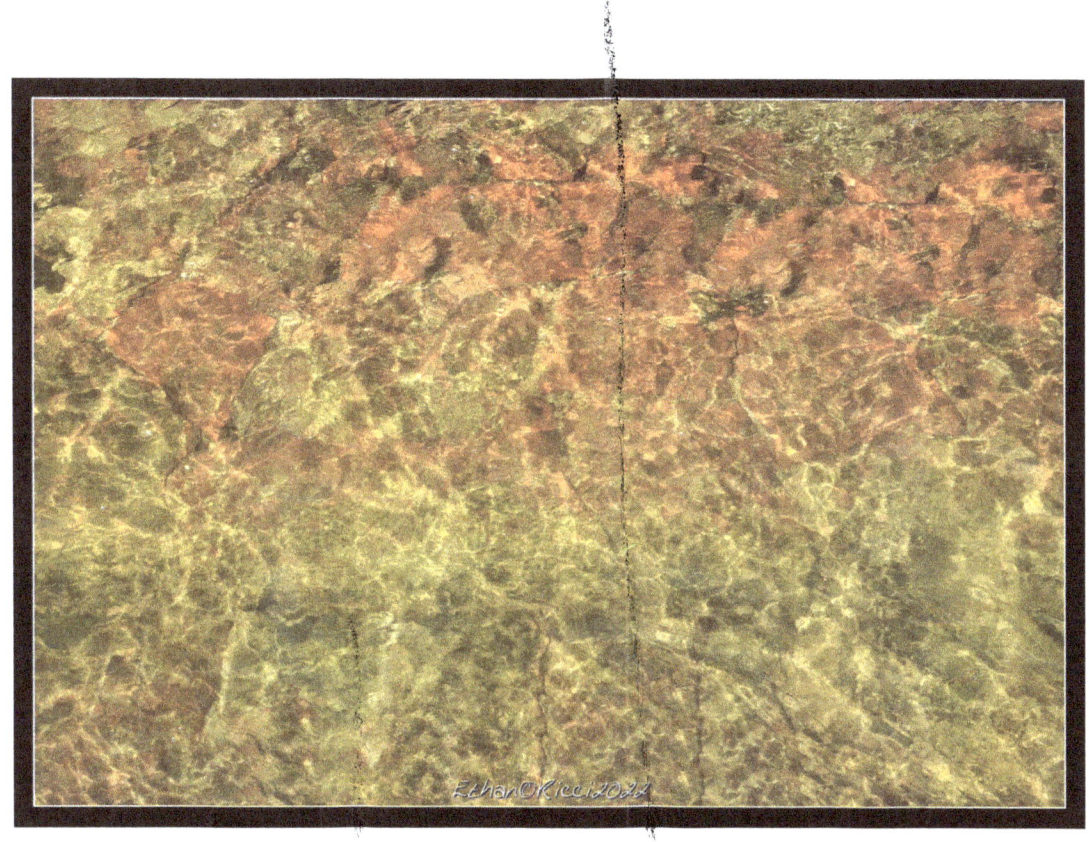

Colori # 2 (2022)

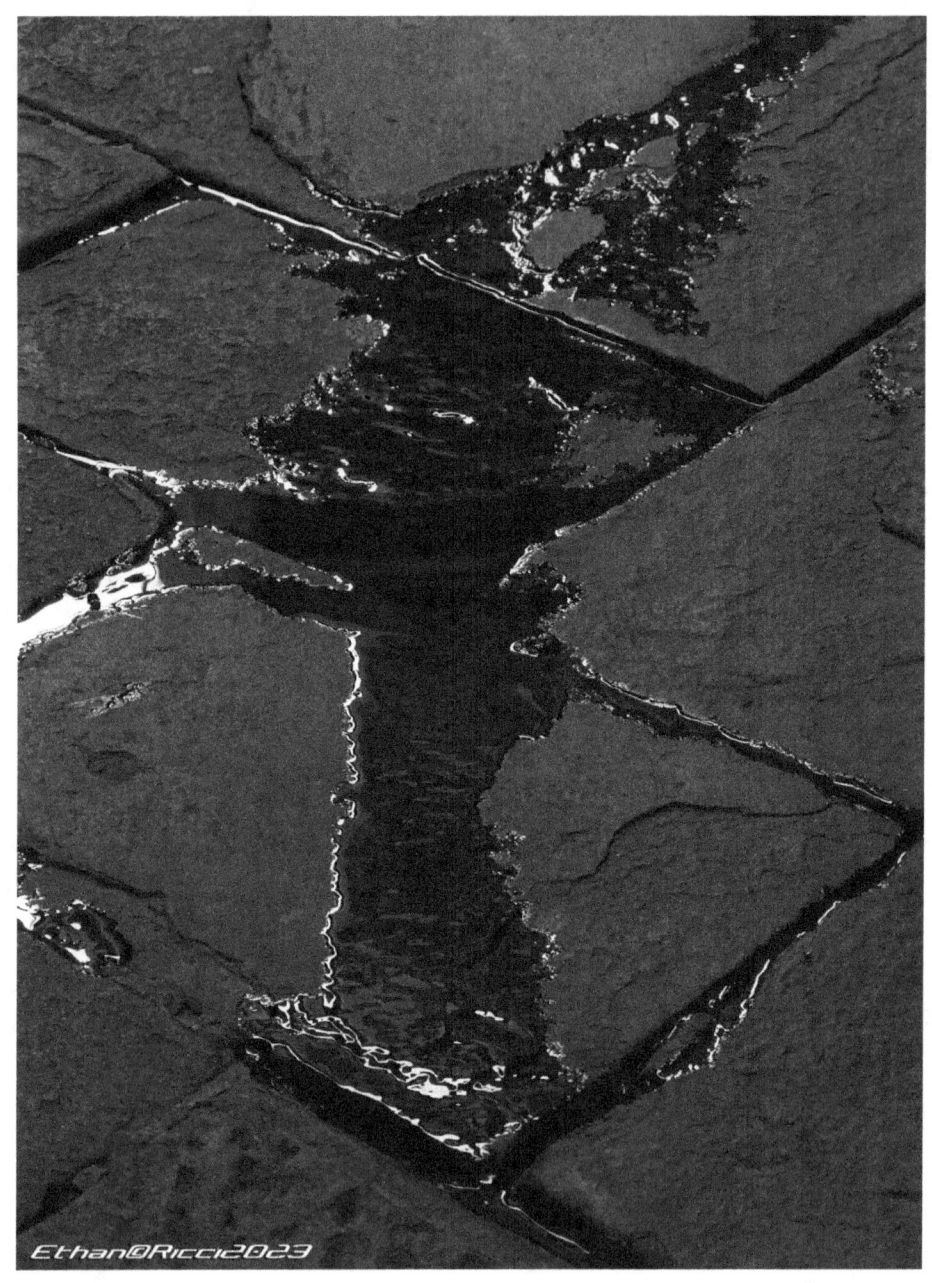

Rivolo (2023)

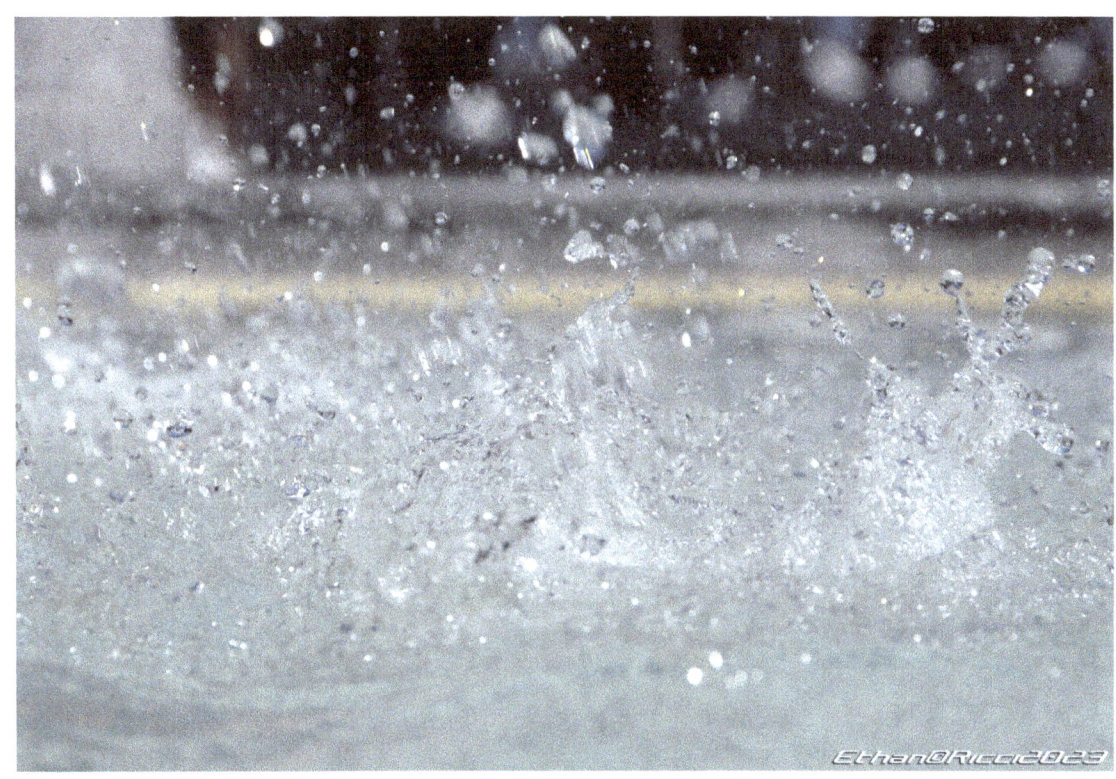

Acqua ballerina, ancora (2023)

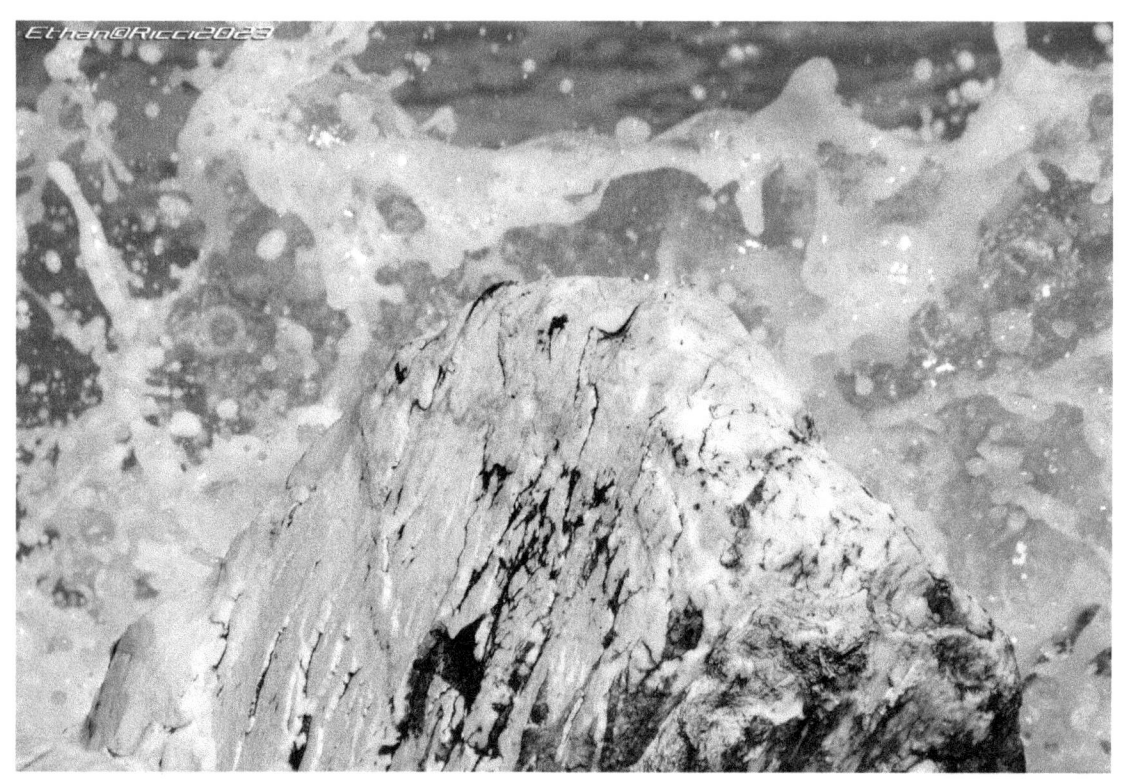

Scoglio su sfondo marino (2023)

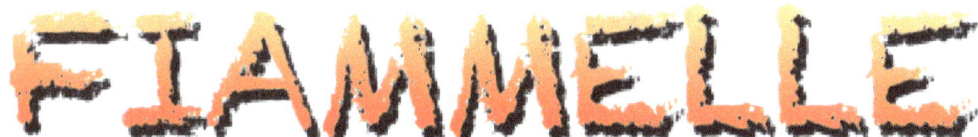

Fotografie analogiche e digitali - Selezione

S'I' FOSSE FOCO # 1 di 2

https://youtu.be/
4xVbHv4Lrlo

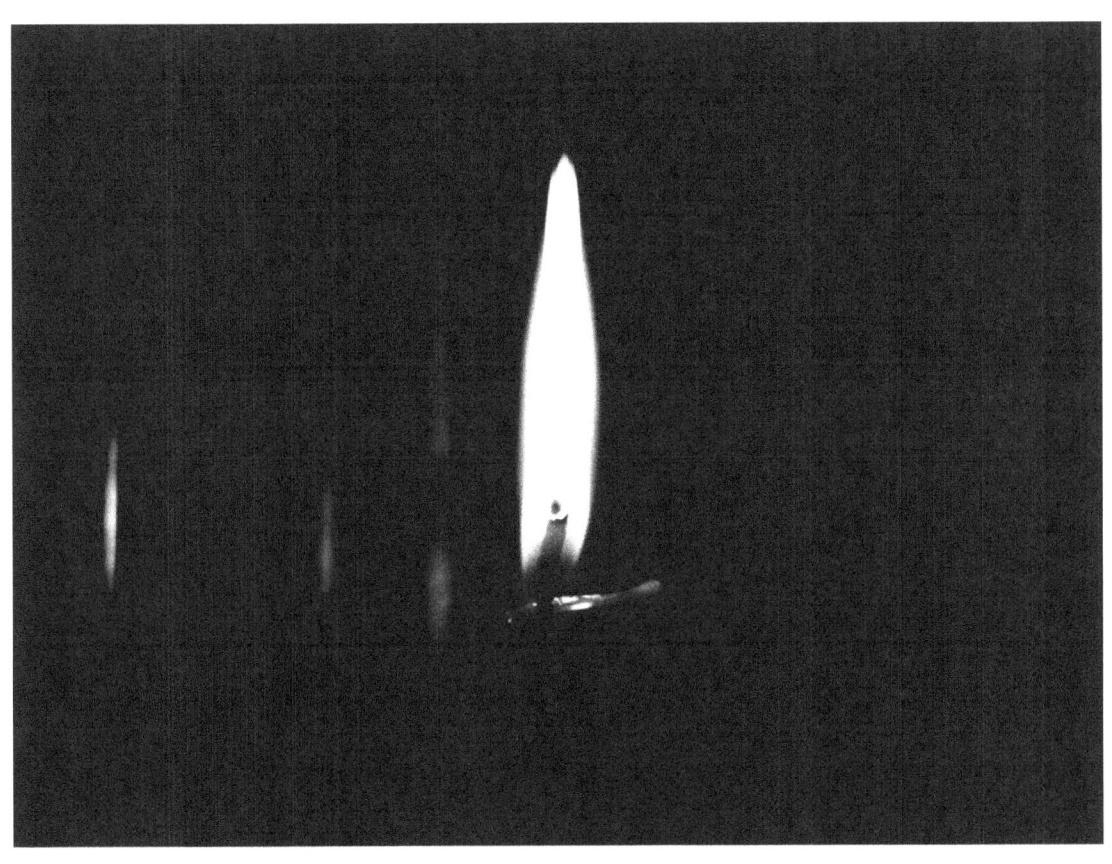

Una luce nel buio (1995)

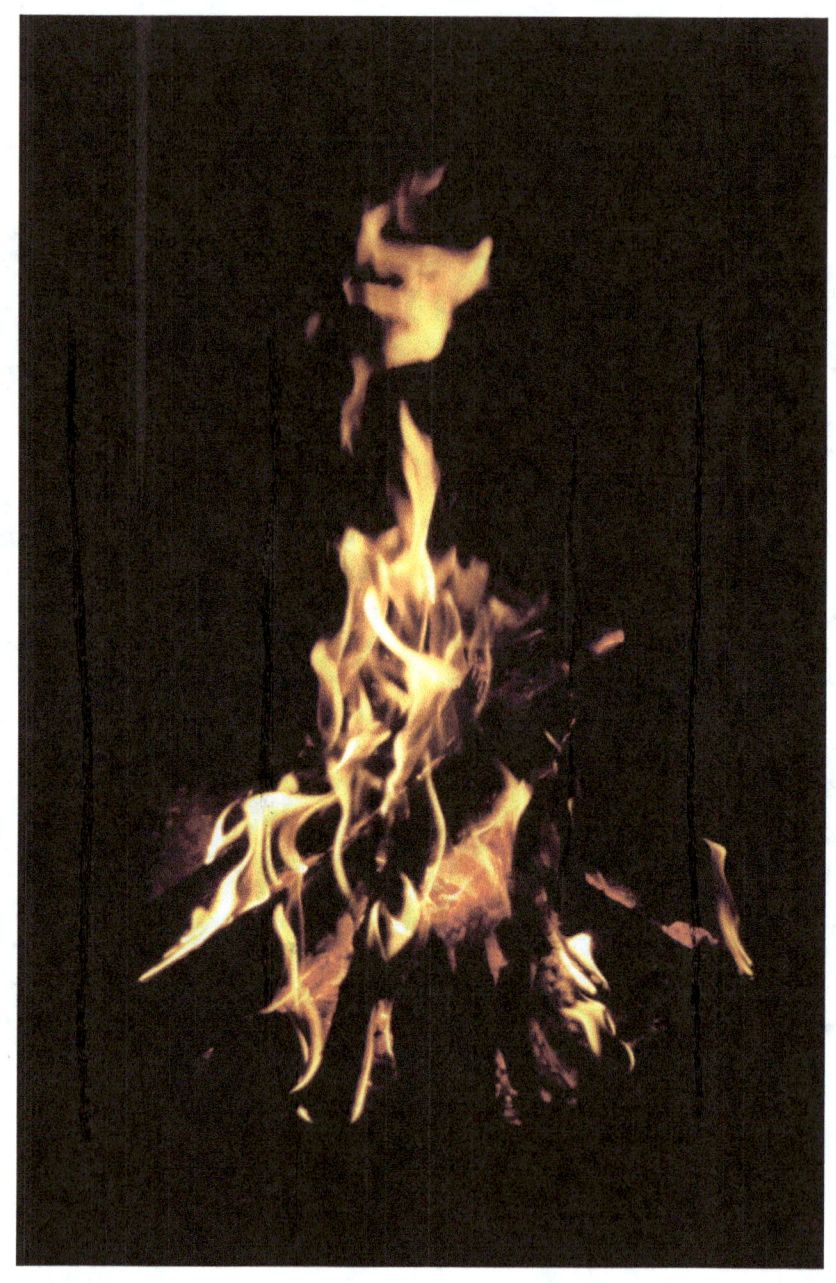

Focolare (1995)

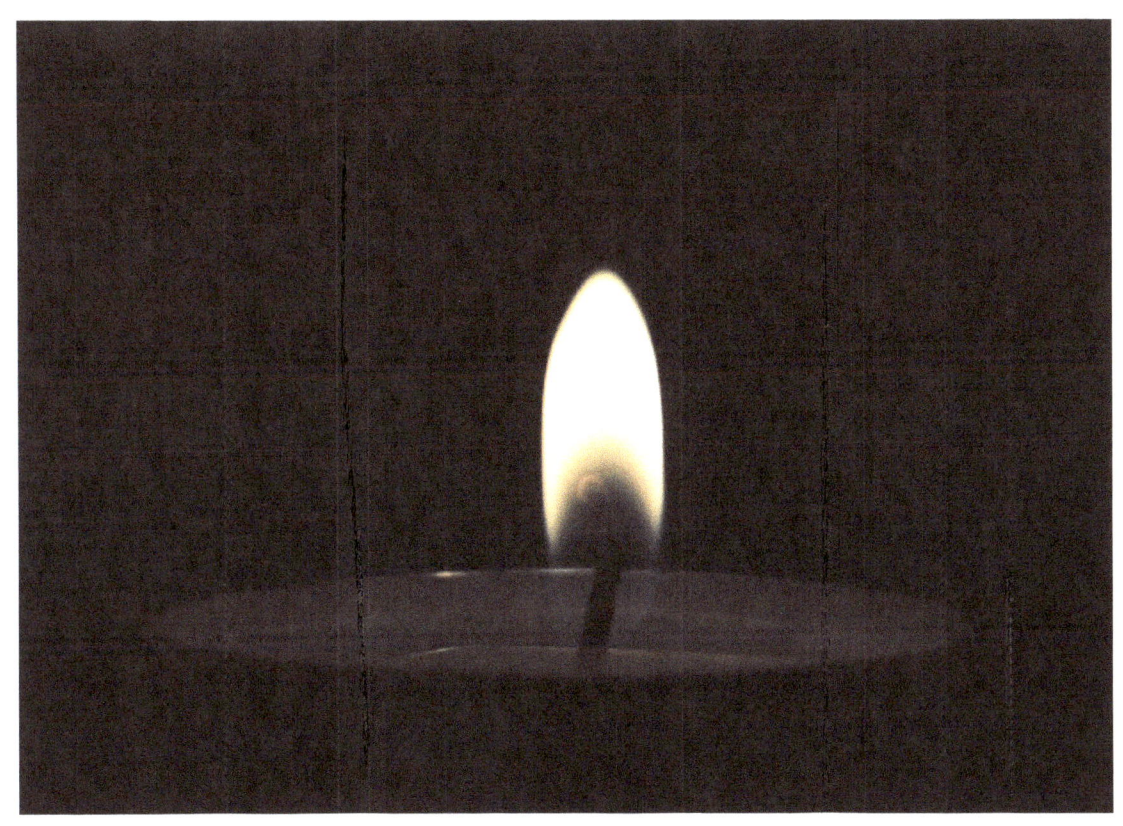

Fiammella # 1 (2010)

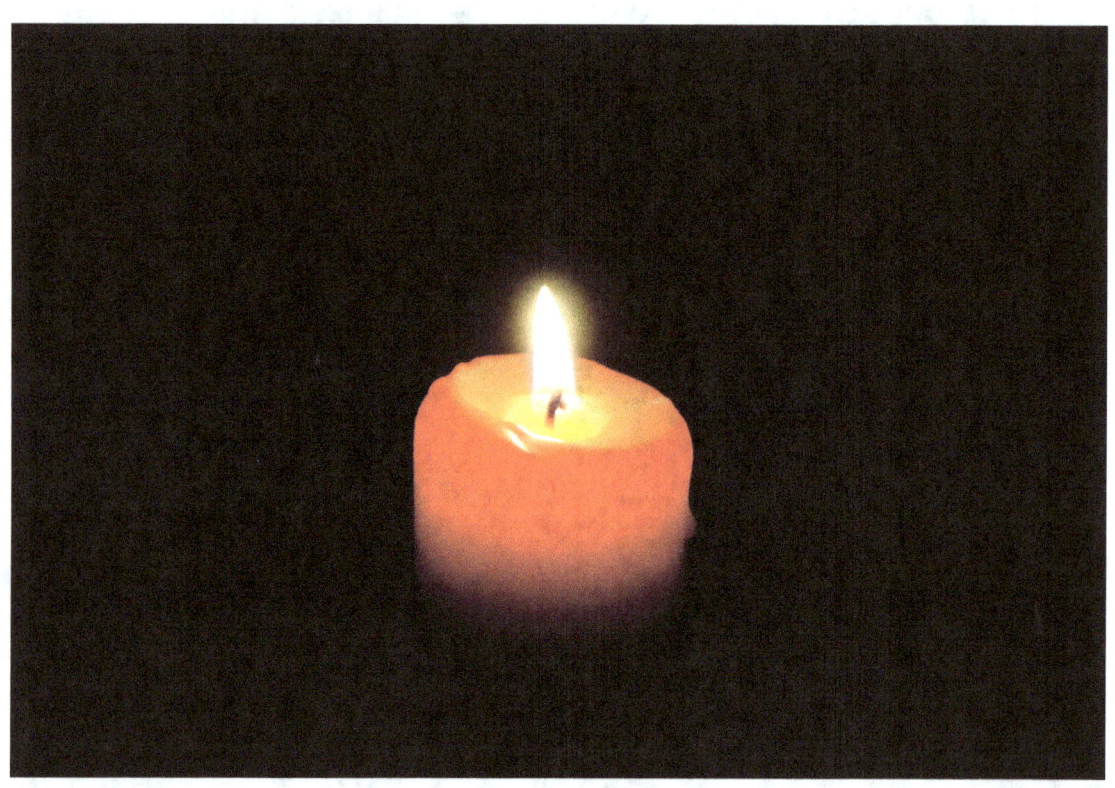

Fiammella # 2 (2010)

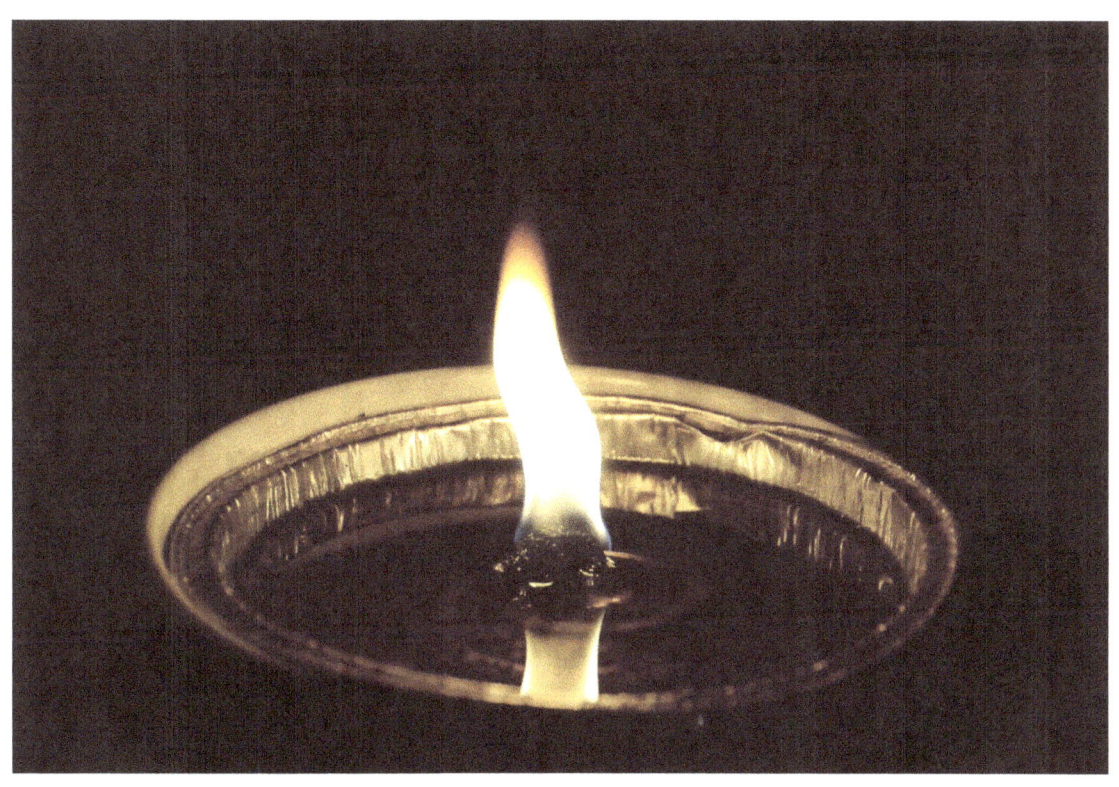

Fiammella # 3 (2010)

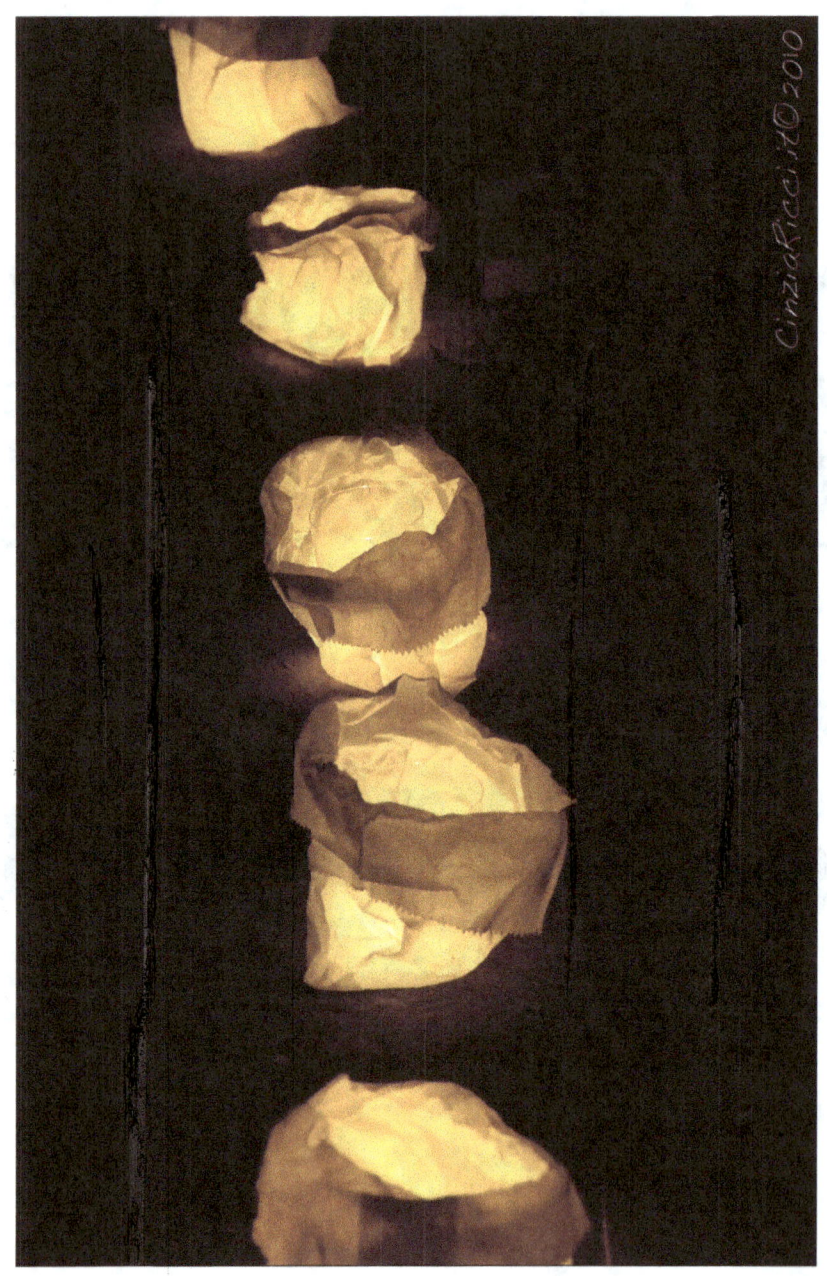

Luce nel sacco (2010)

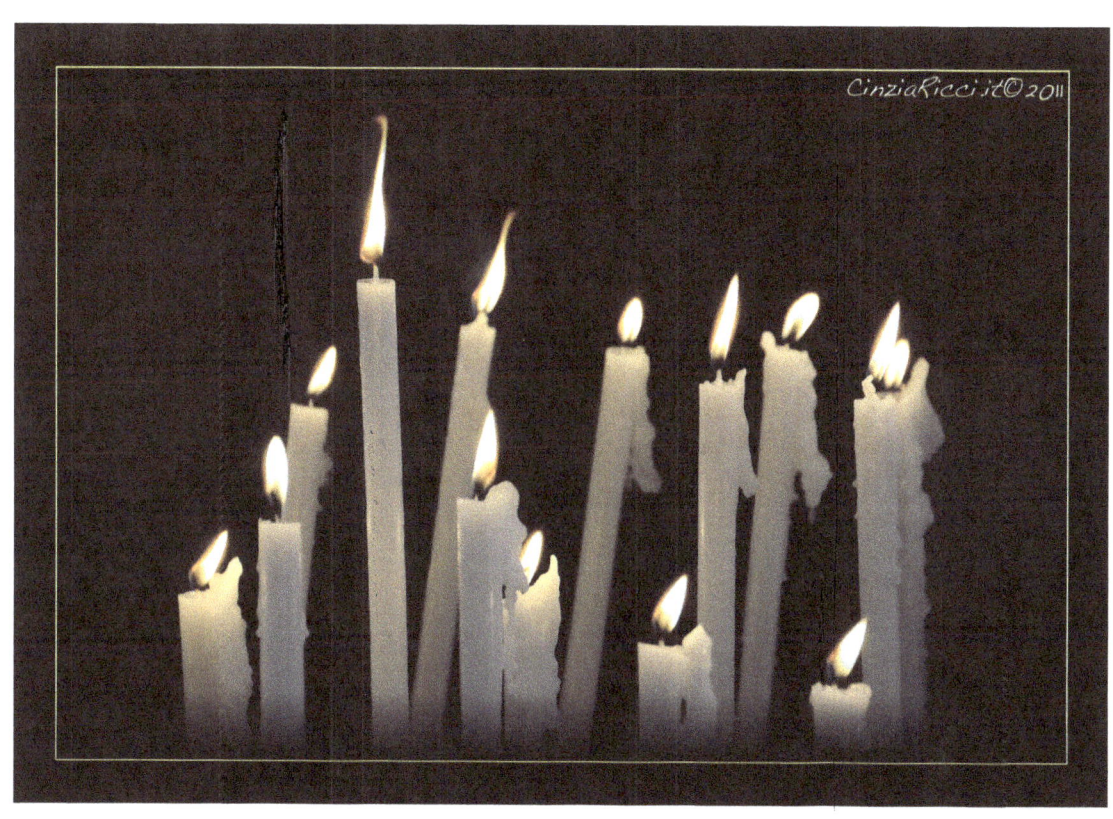

Preghiere # 1 (Porto Venere, 2011)

93

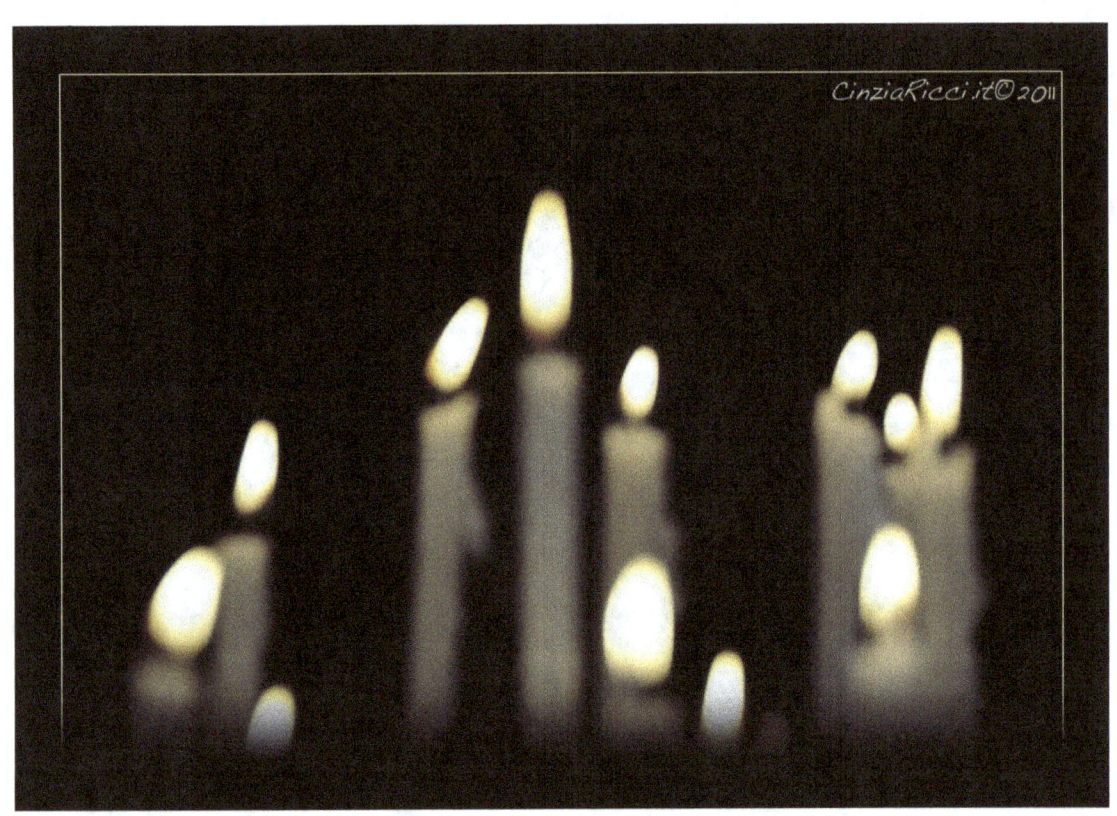

Preghiere # 2 (Porto Venere, 2011)

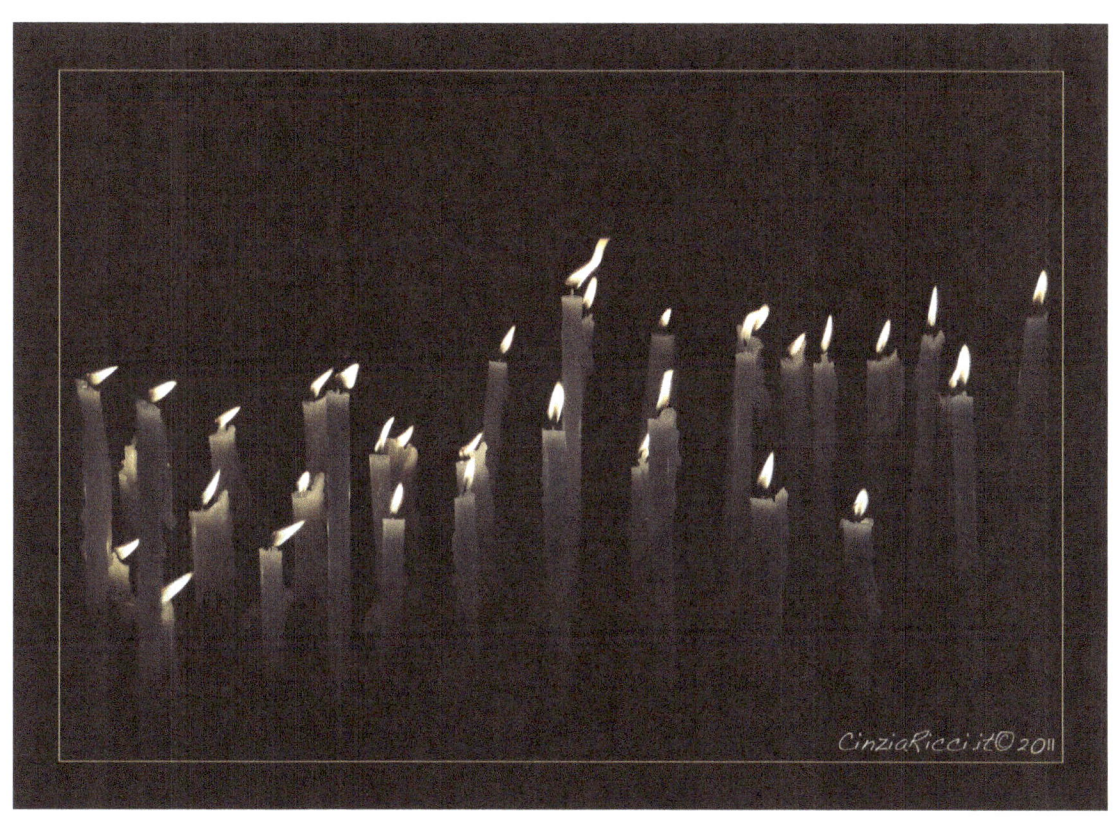

Preghiere # 3 (Porto Venere, 2011)

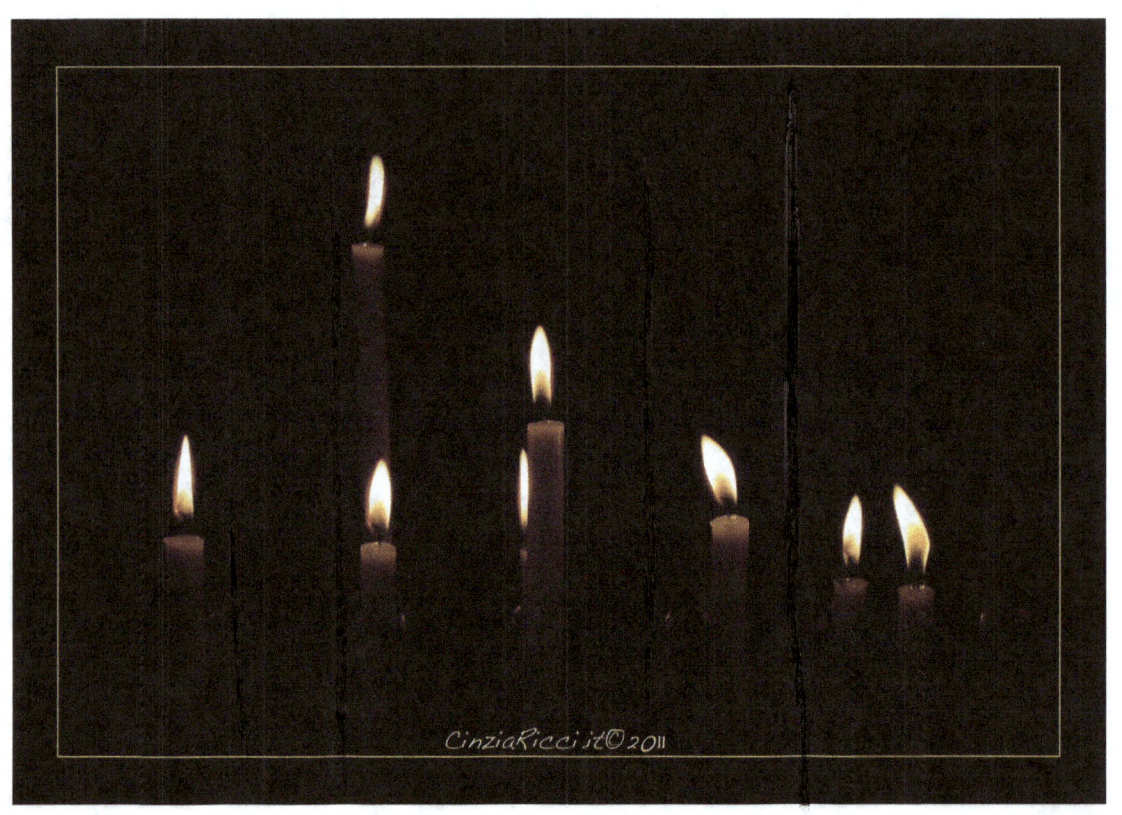

Preghiere # 4 (Porto Venere, 2011)

Preghiere # 5 (Porto Venere, 2011)

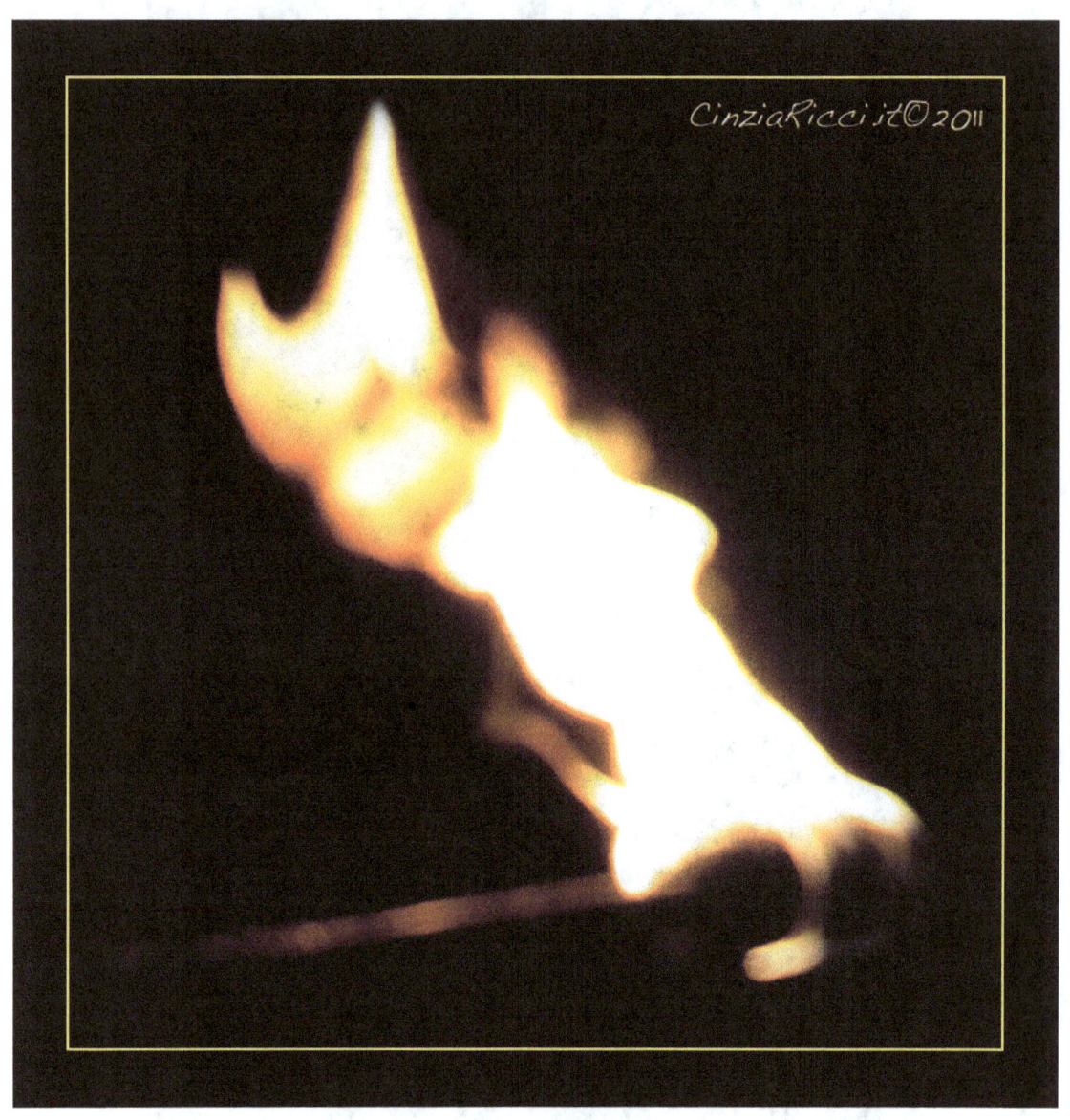

Torcia # 1 (2011)

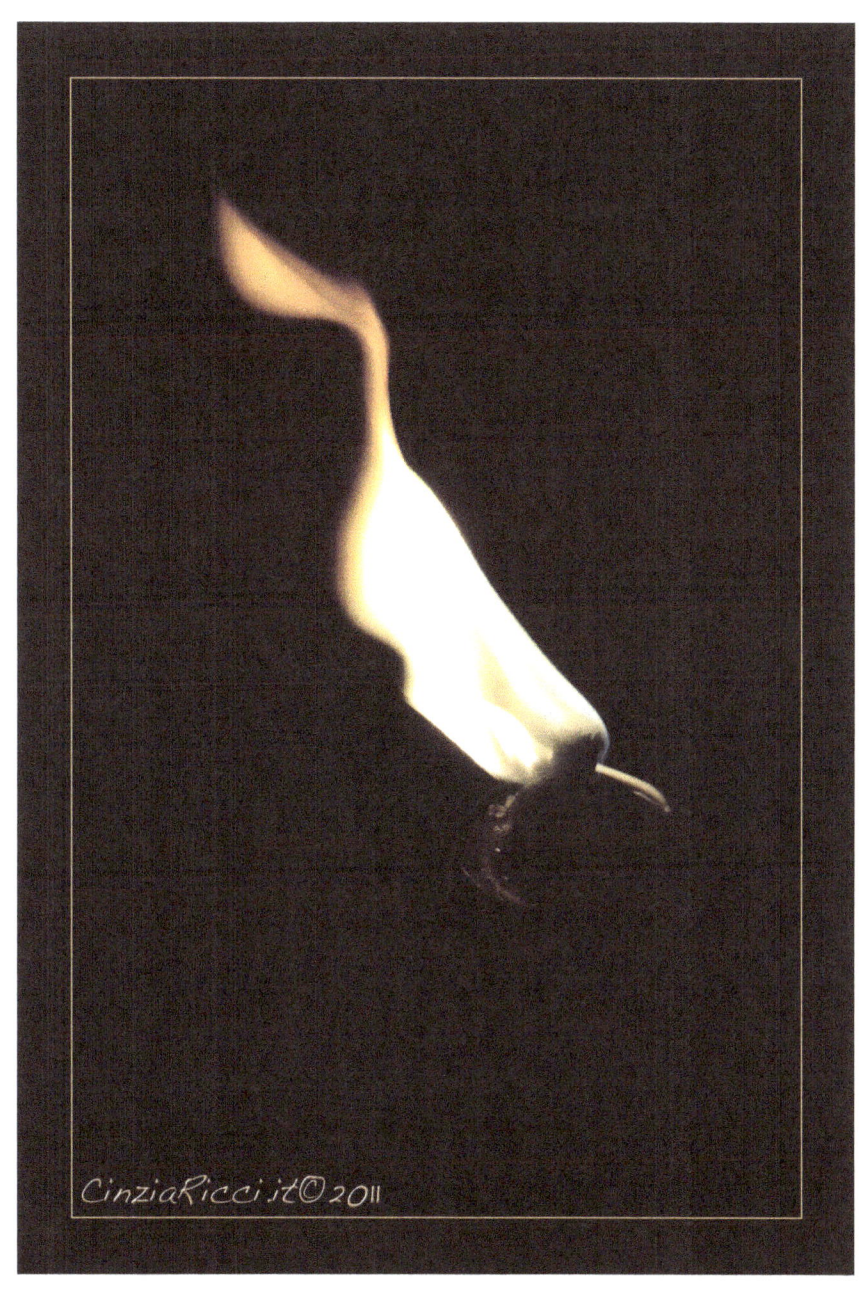

Torcia # 2 (2011)

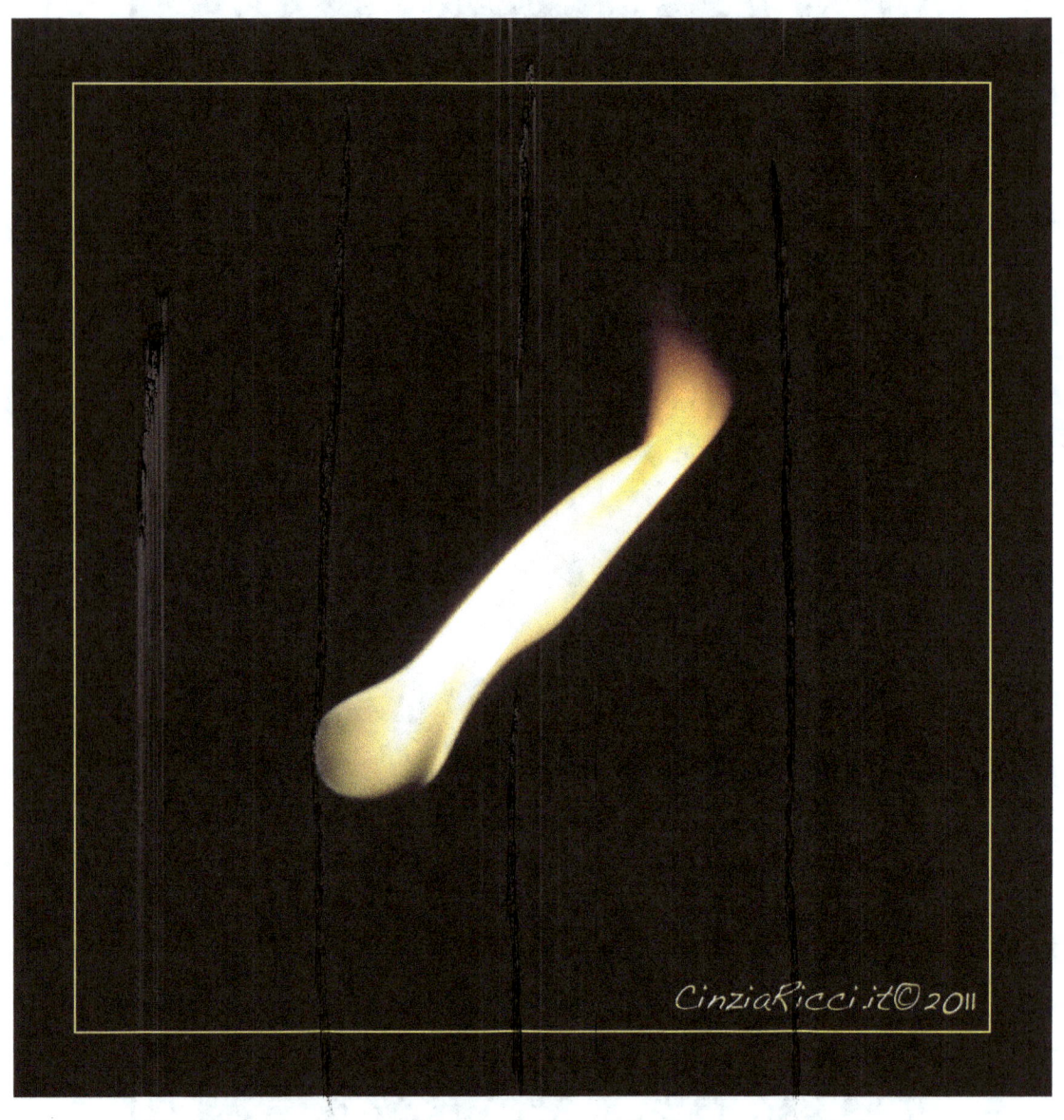

Torcia # 3 (2011)

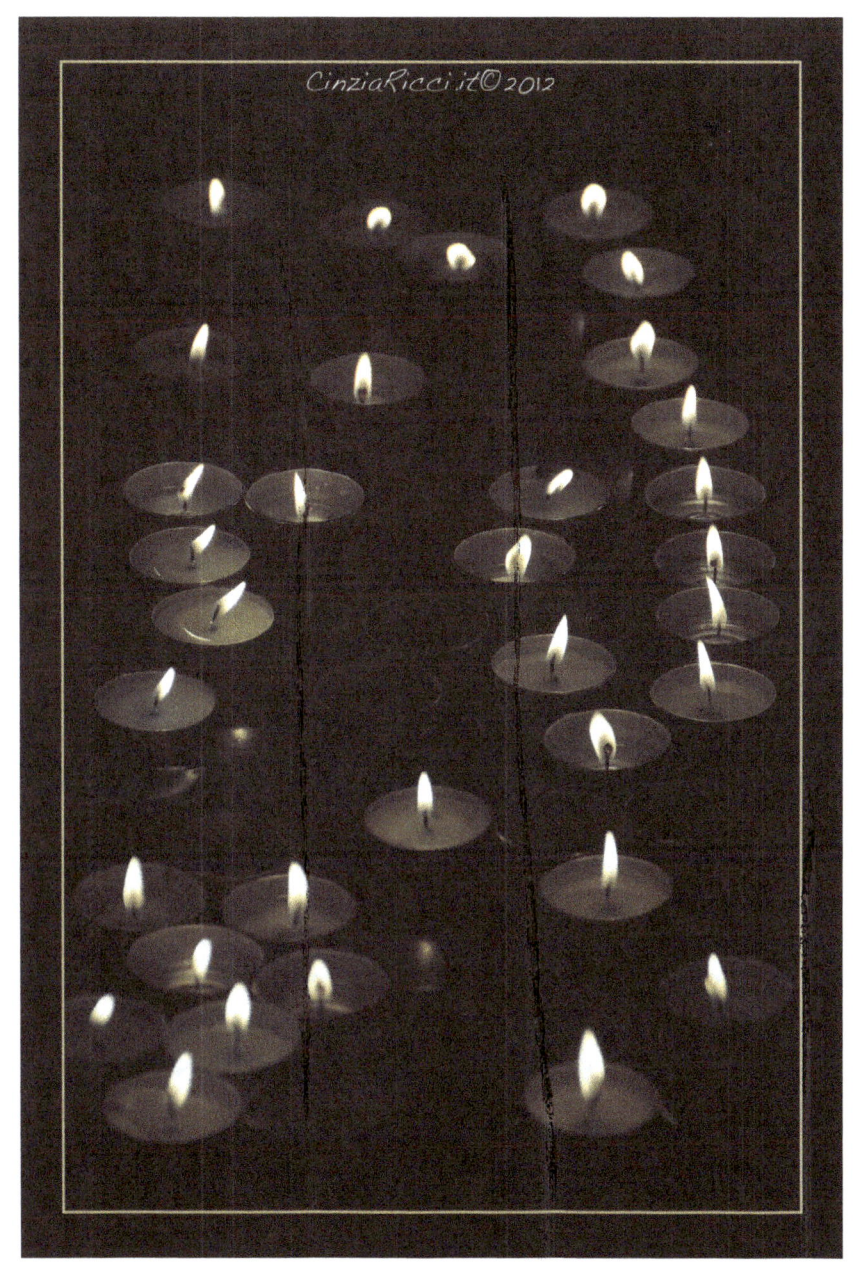

Preghiere # 6 (2012)

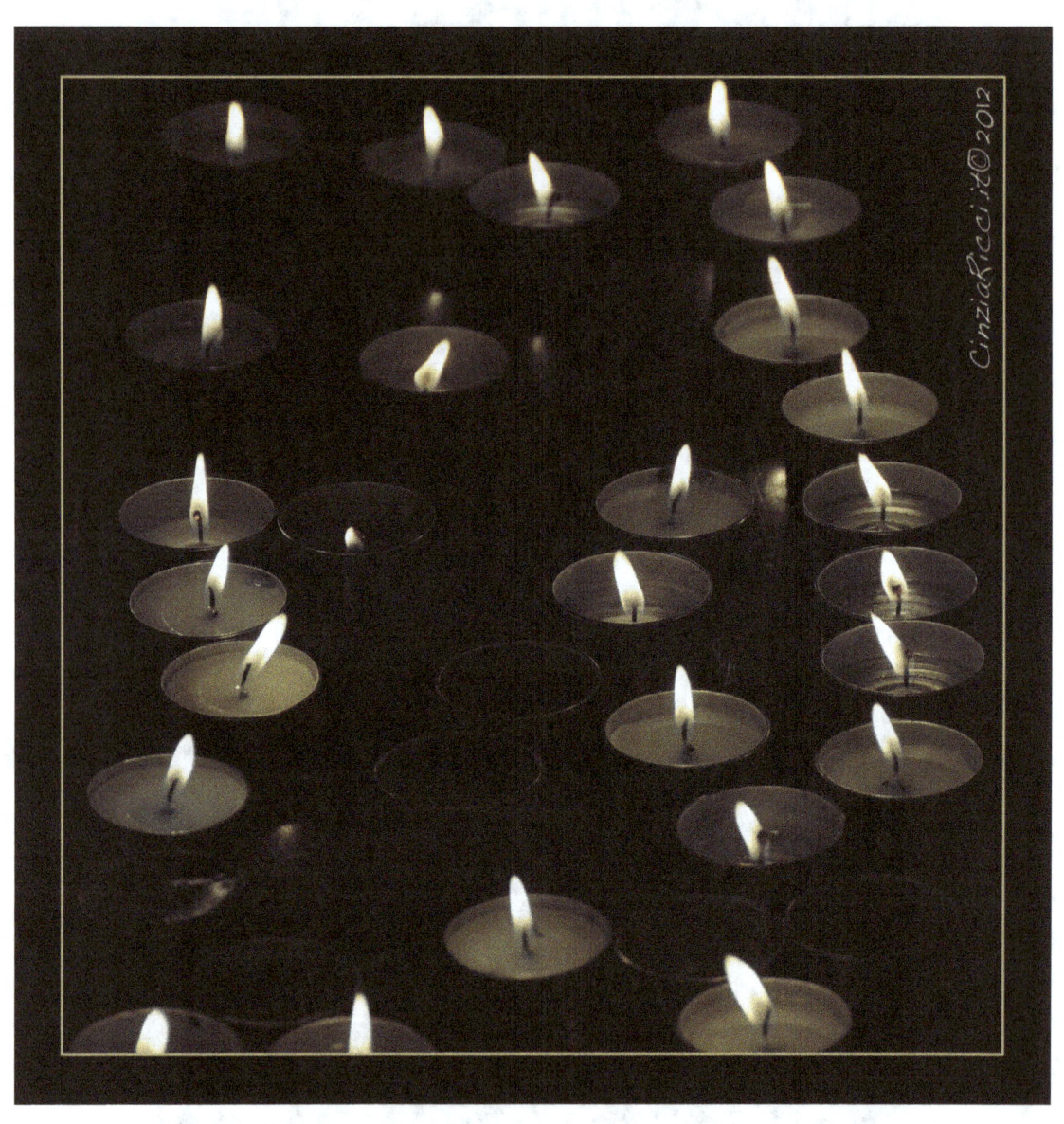

Preghiere # 7 (2012)

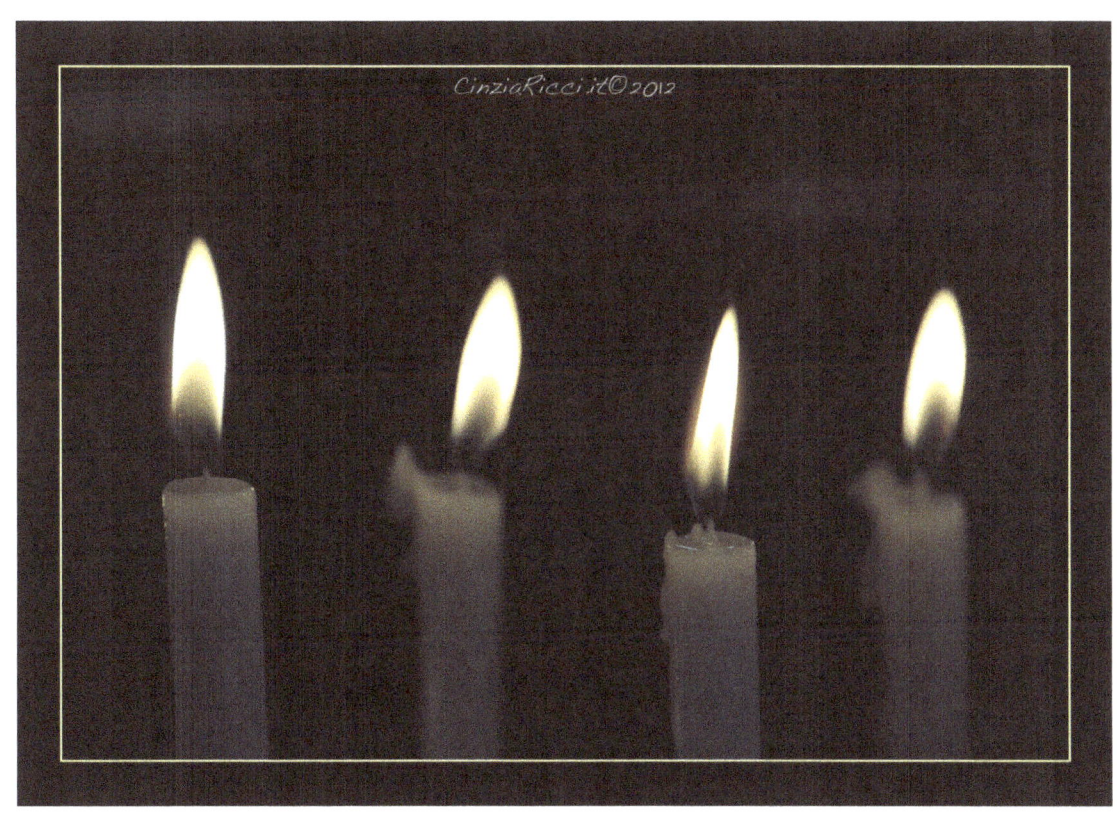

Preghiere # 8 (2012)

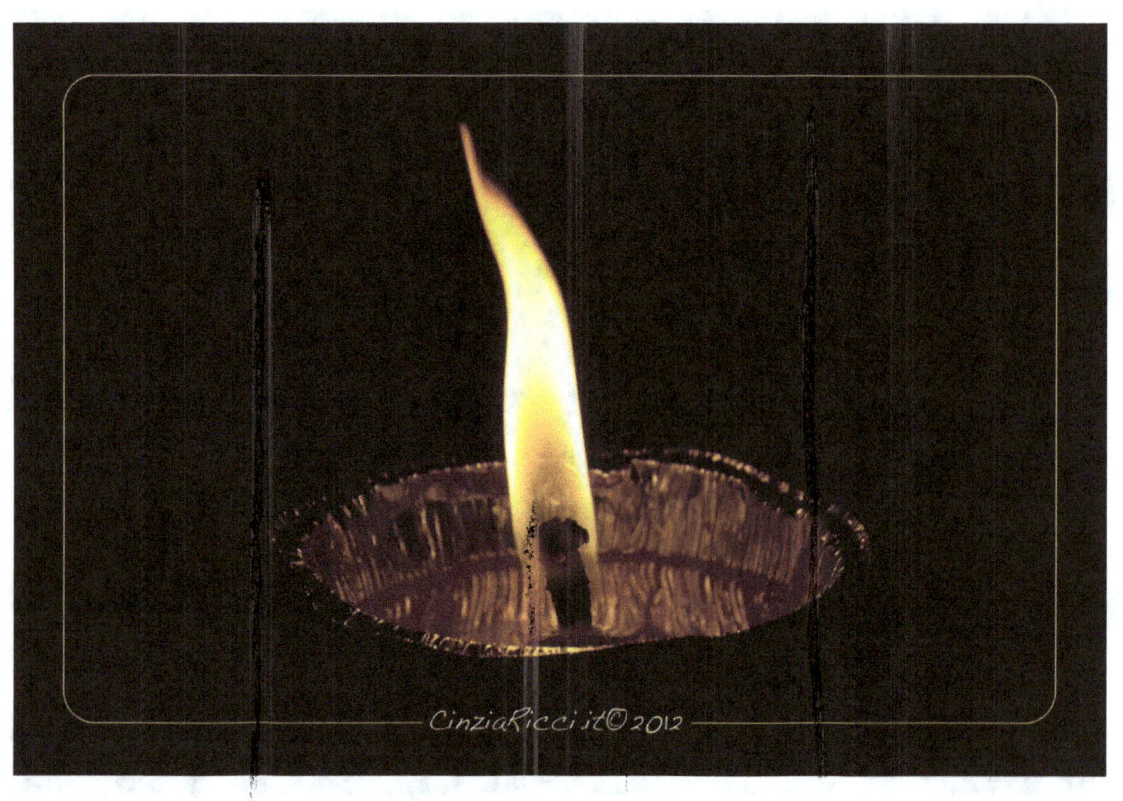

Citronella # 1 (2012)

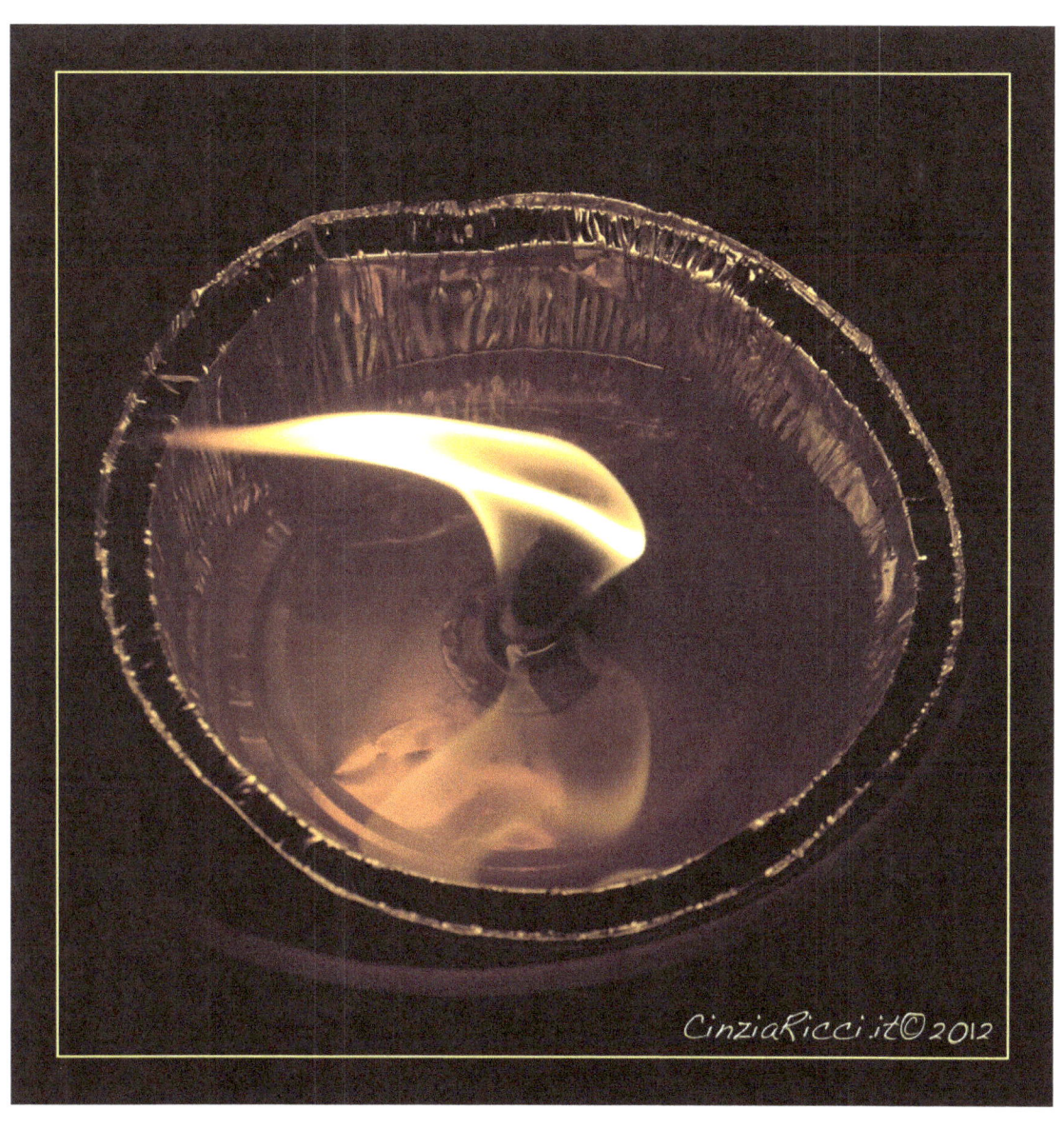

Citronella # 2 (2012)

S'I' FOSSE FOCO # 2 di 2

https://youtu.be/
_lsGihxHBdE

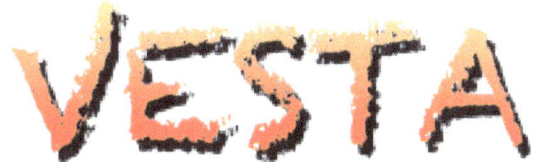

Ante diem sanctae Crucis, 10-11 Settembre 2011 (Lucca) - Selezione

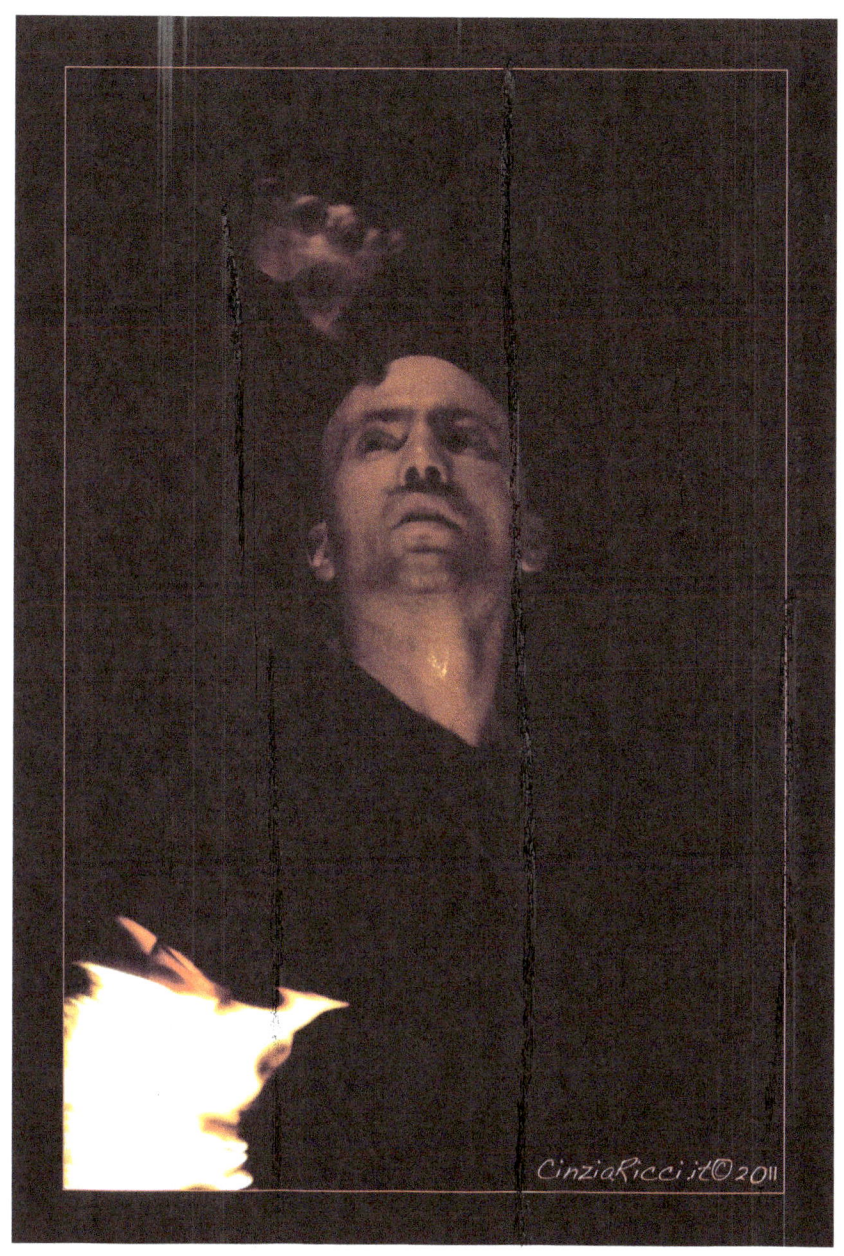

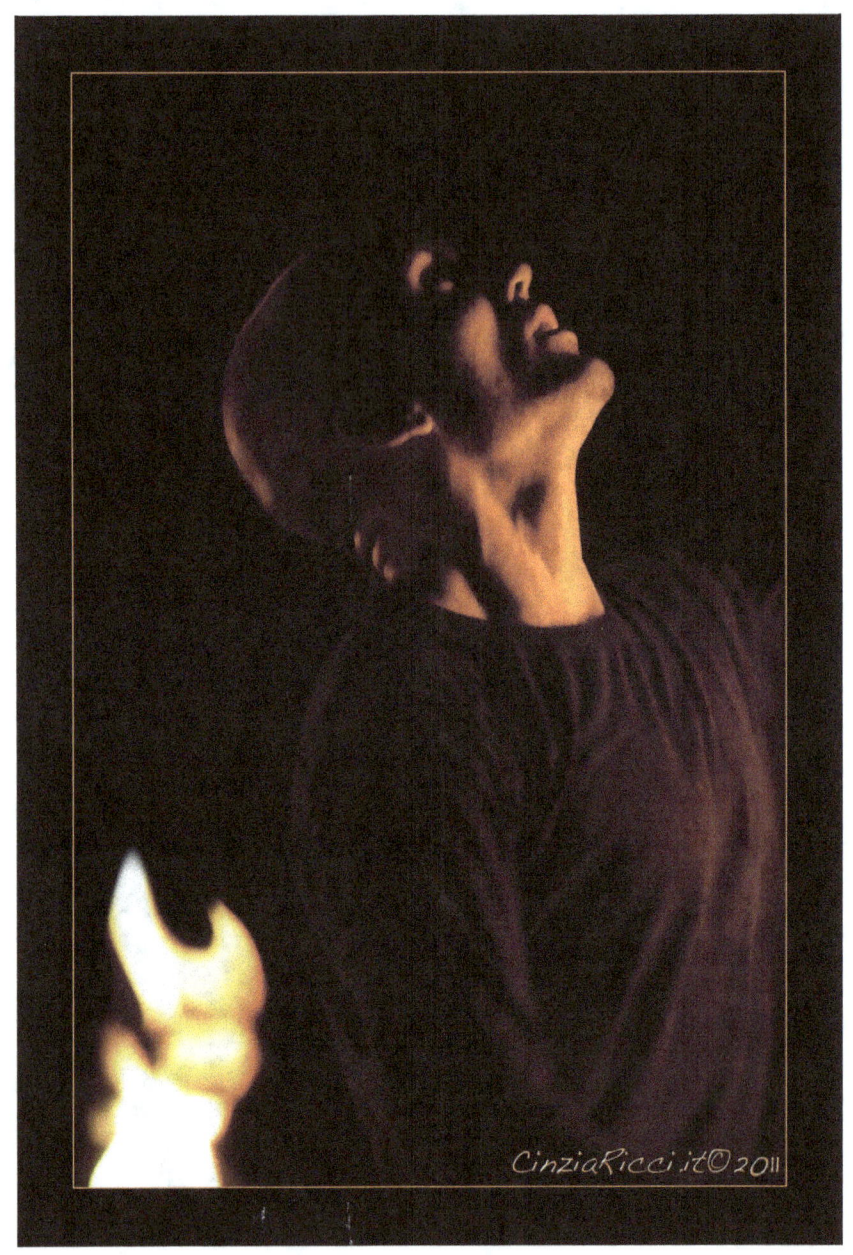

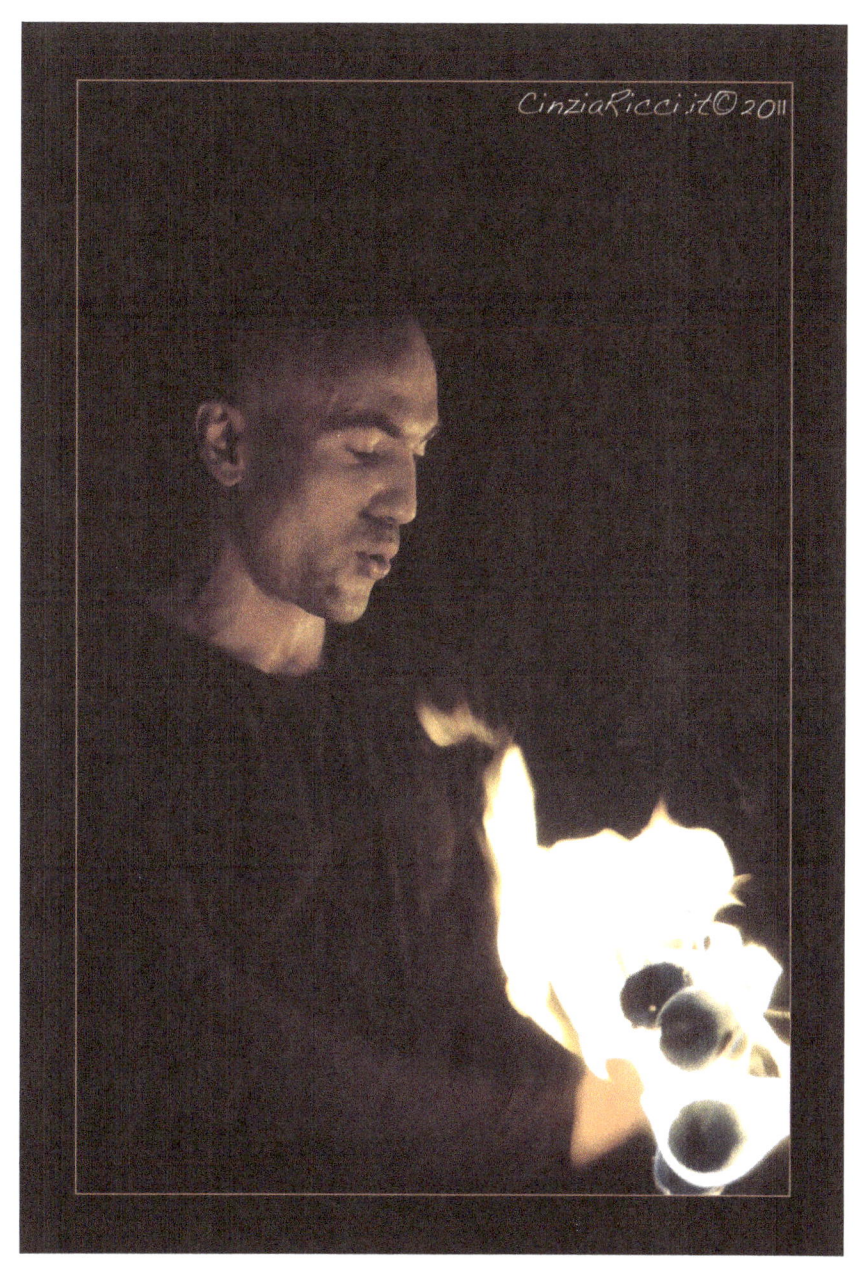

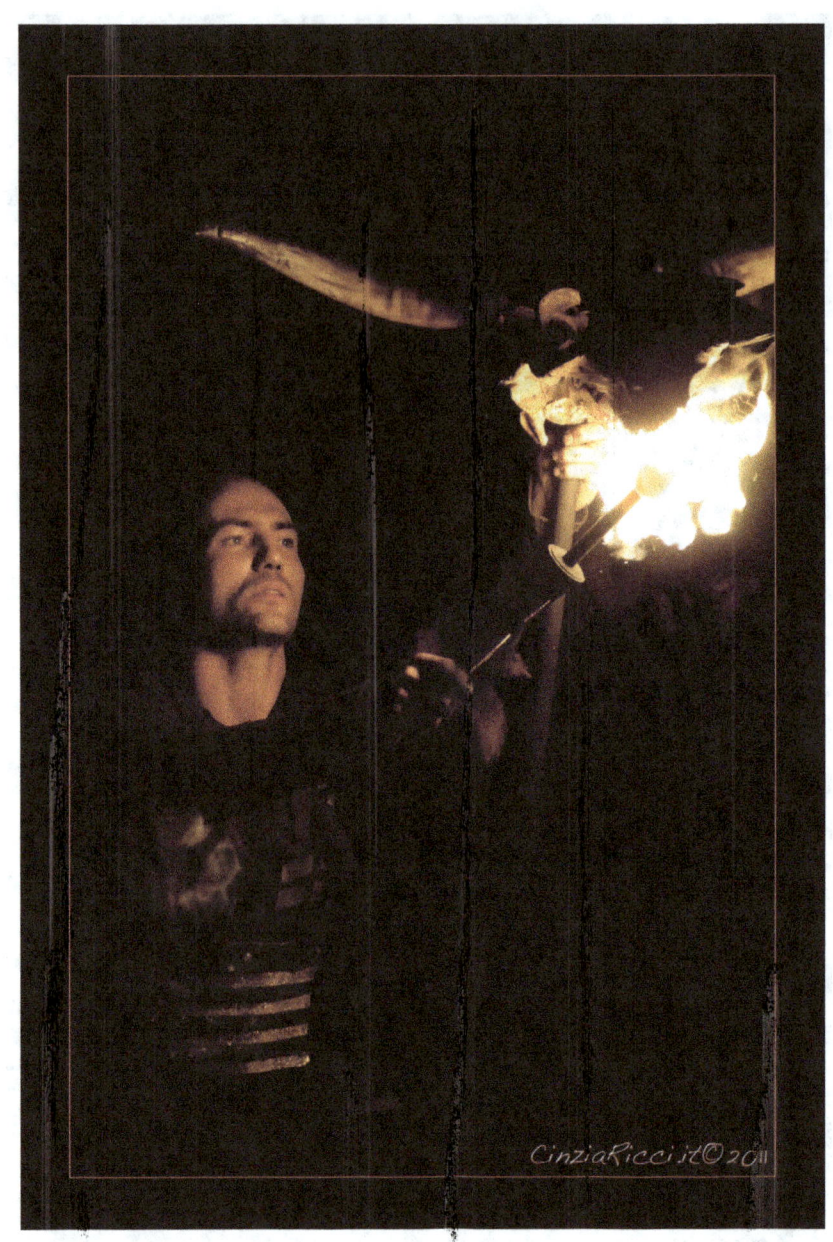

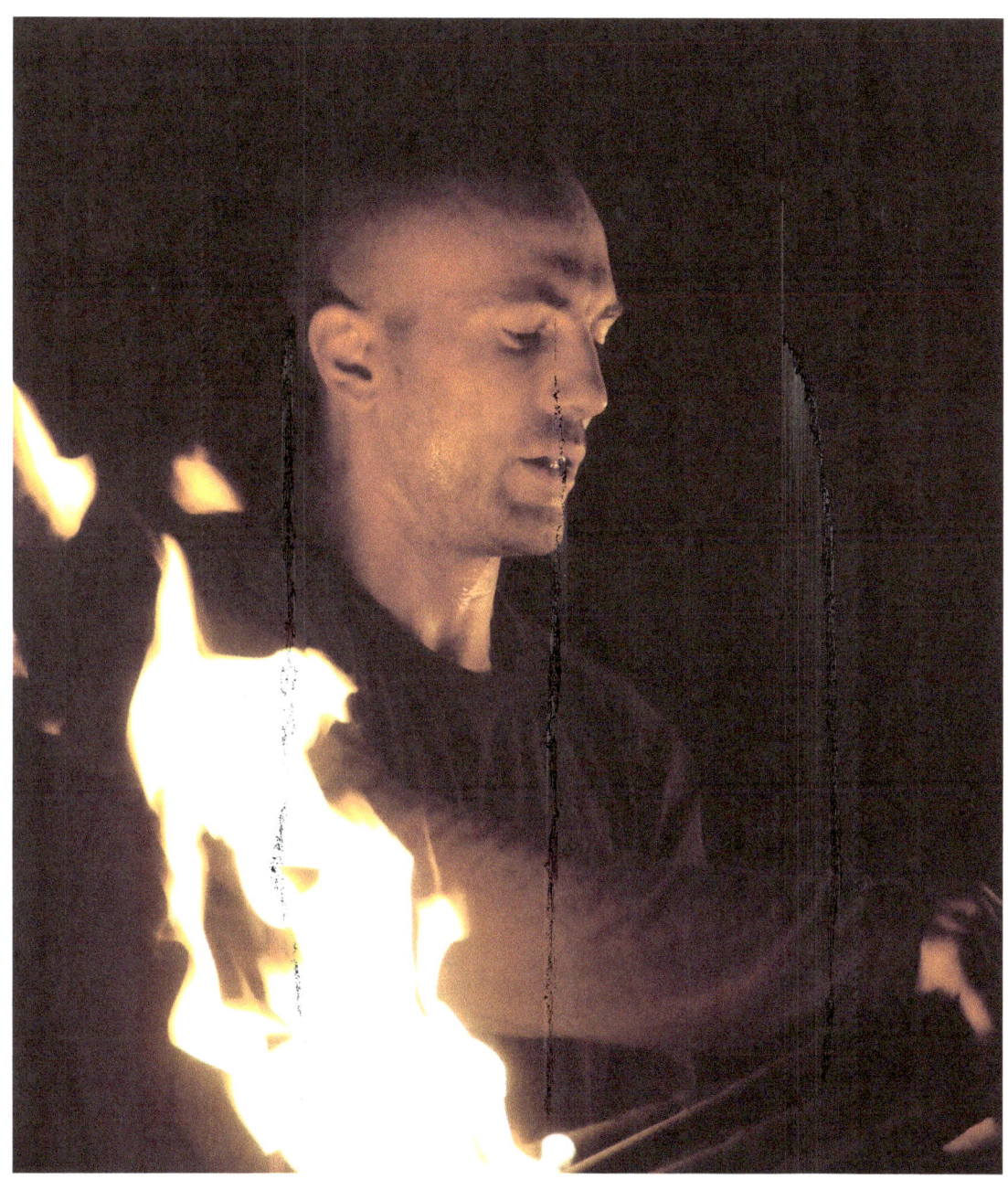

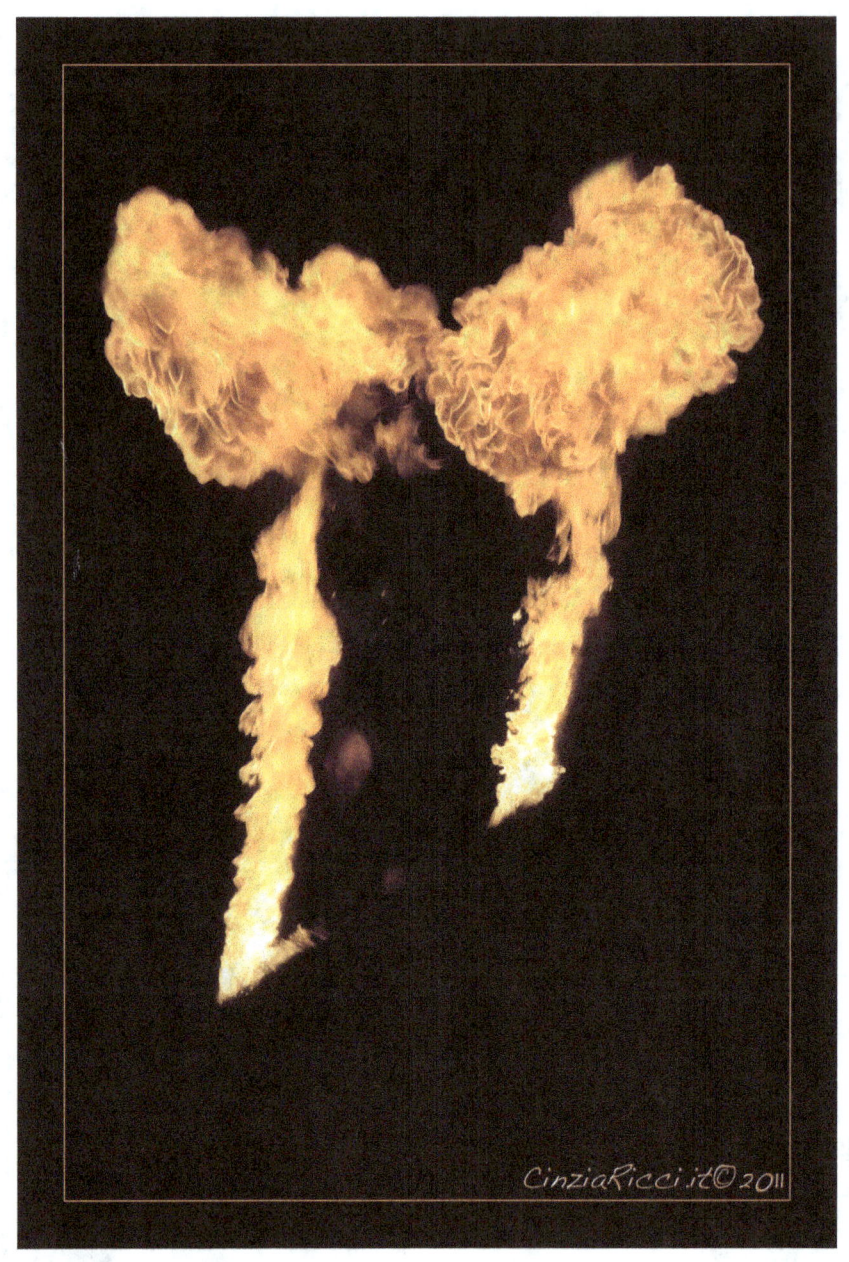

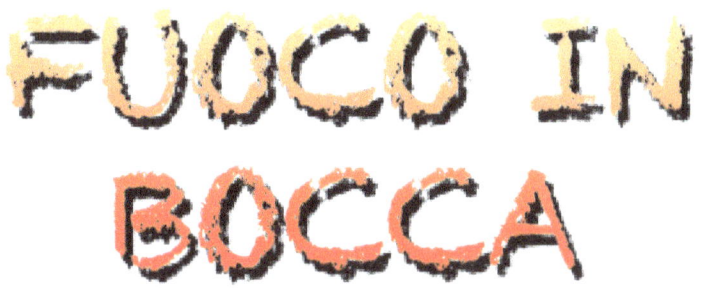

FUOCO IN BOCCA

Il castello rivive, Nozzano Castello, 3 Settembre 2011 (Lucca) - Selezione

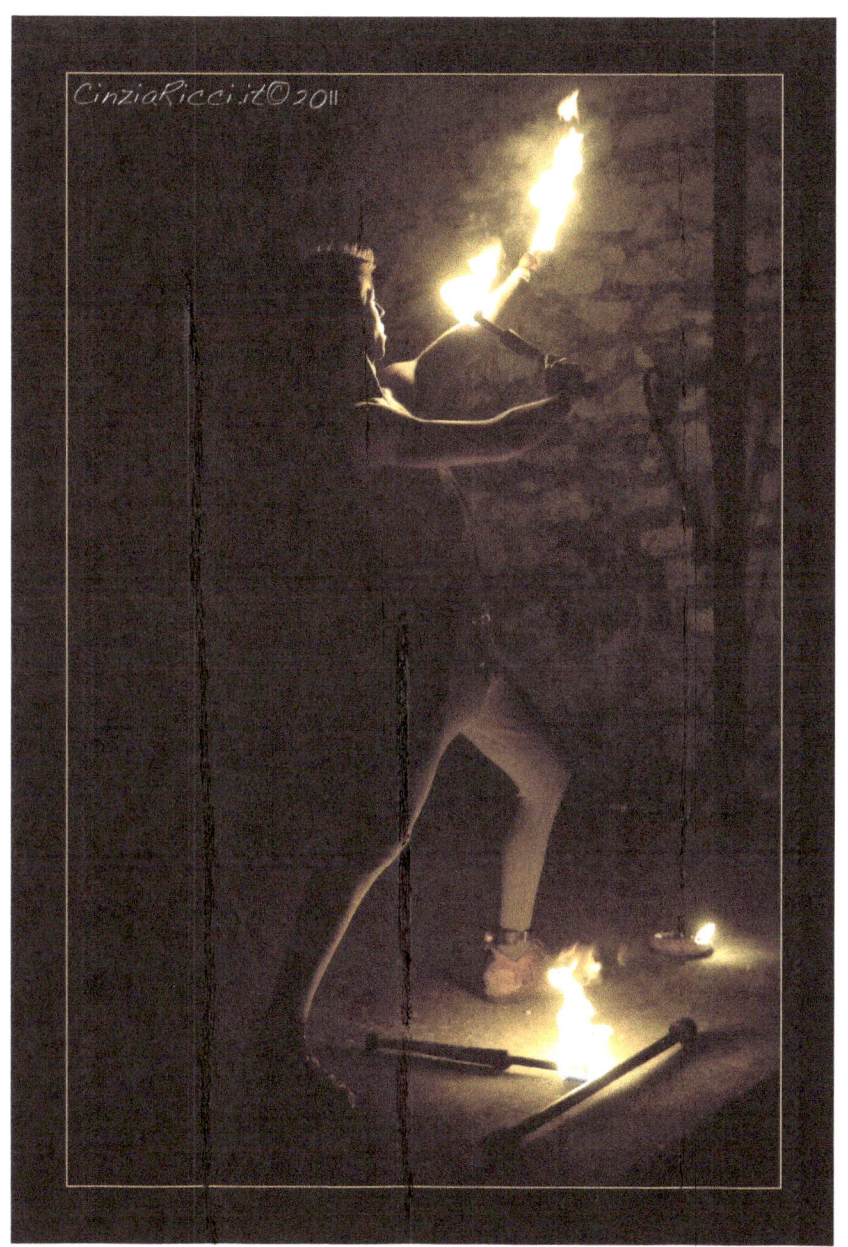

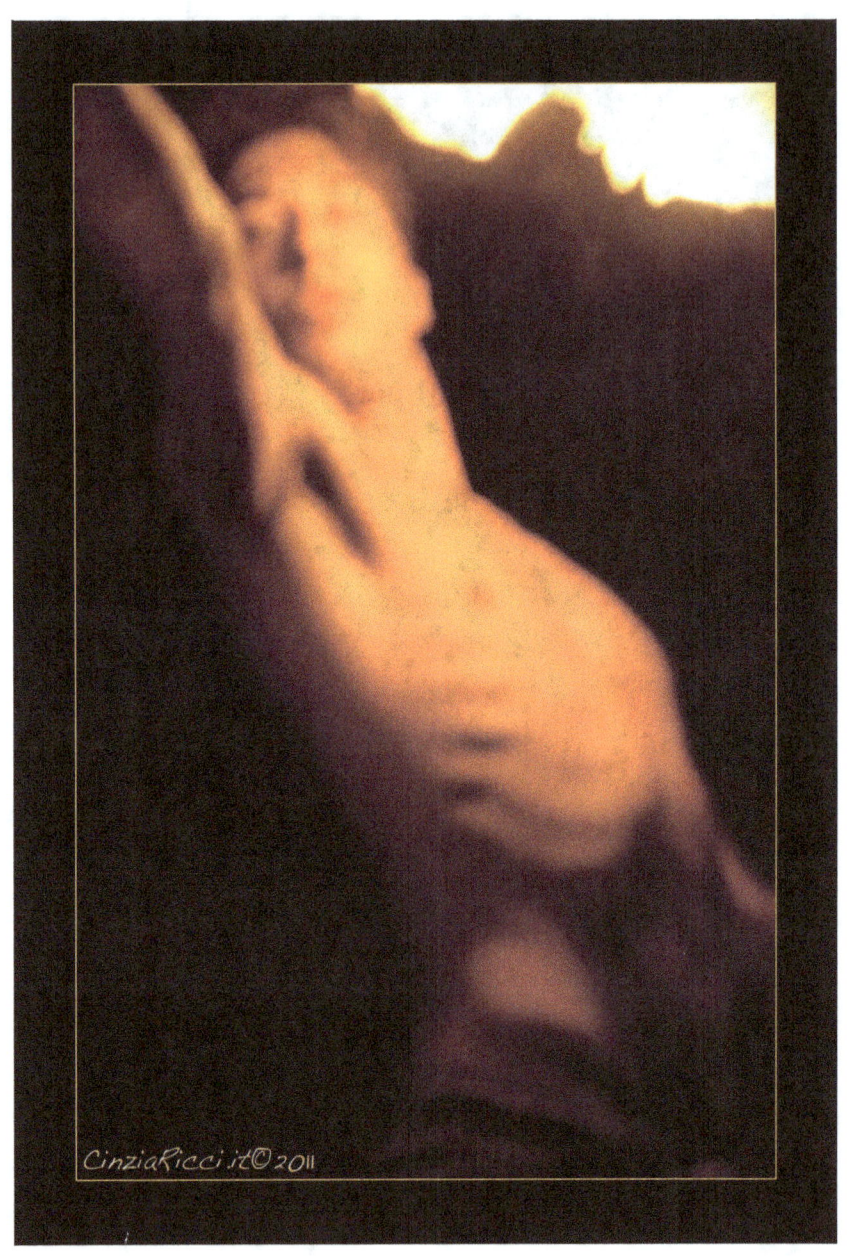

CinziaRicci it©2011

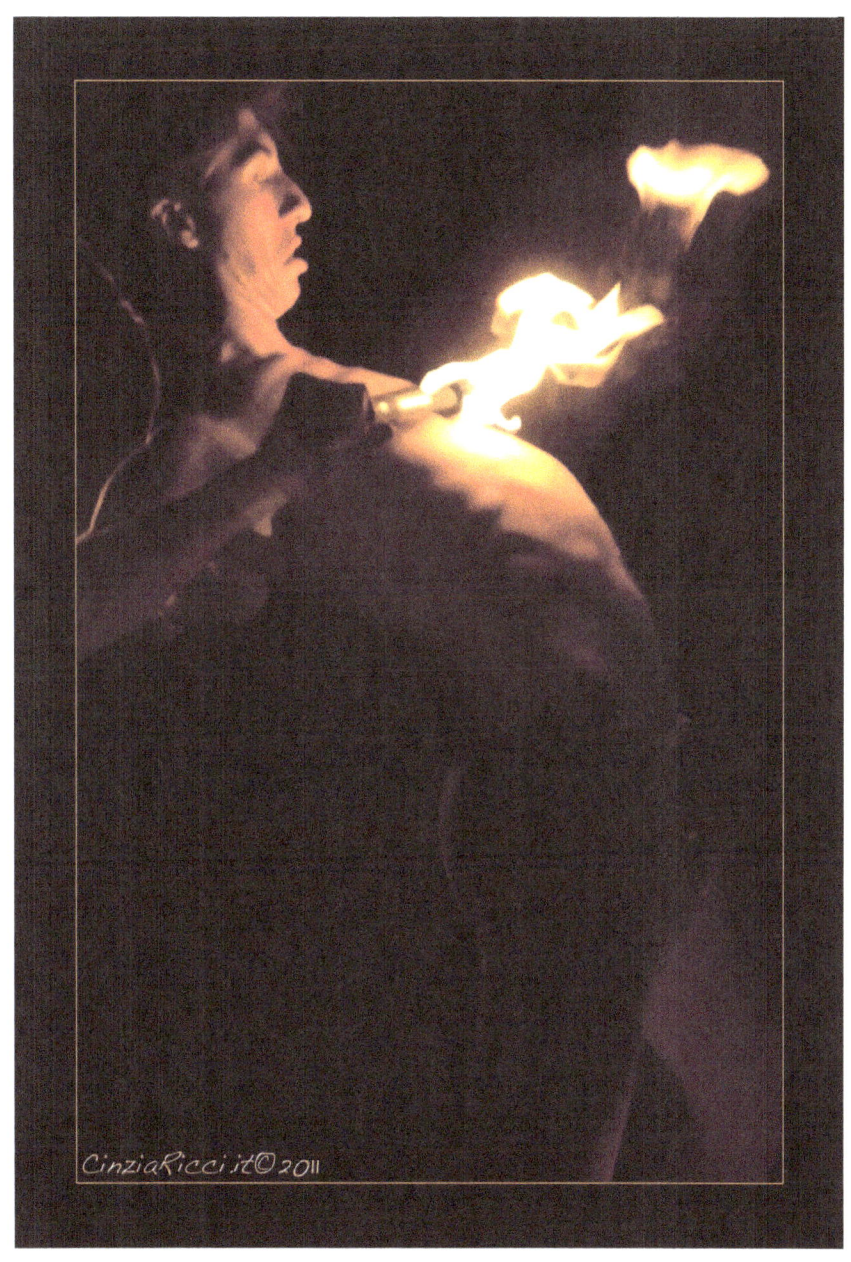

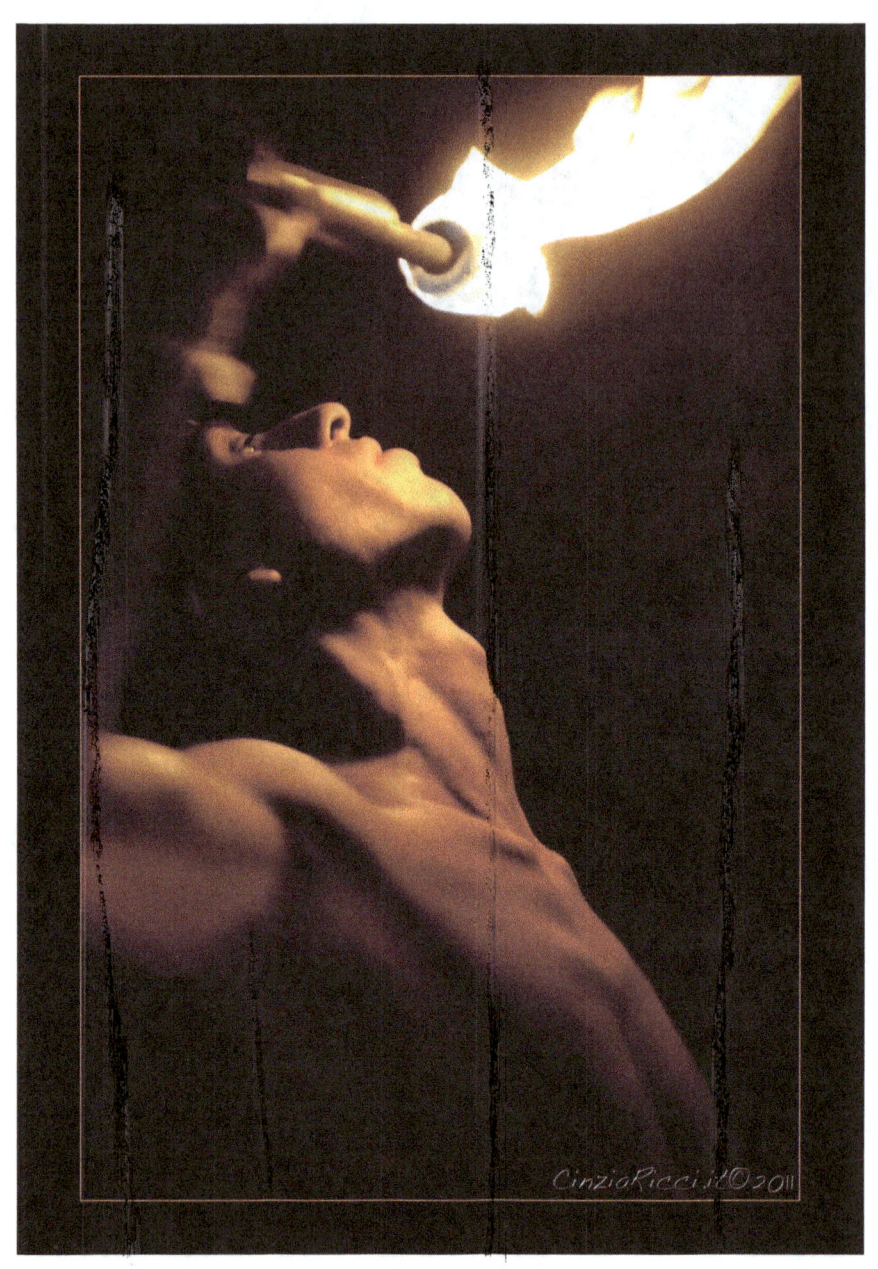

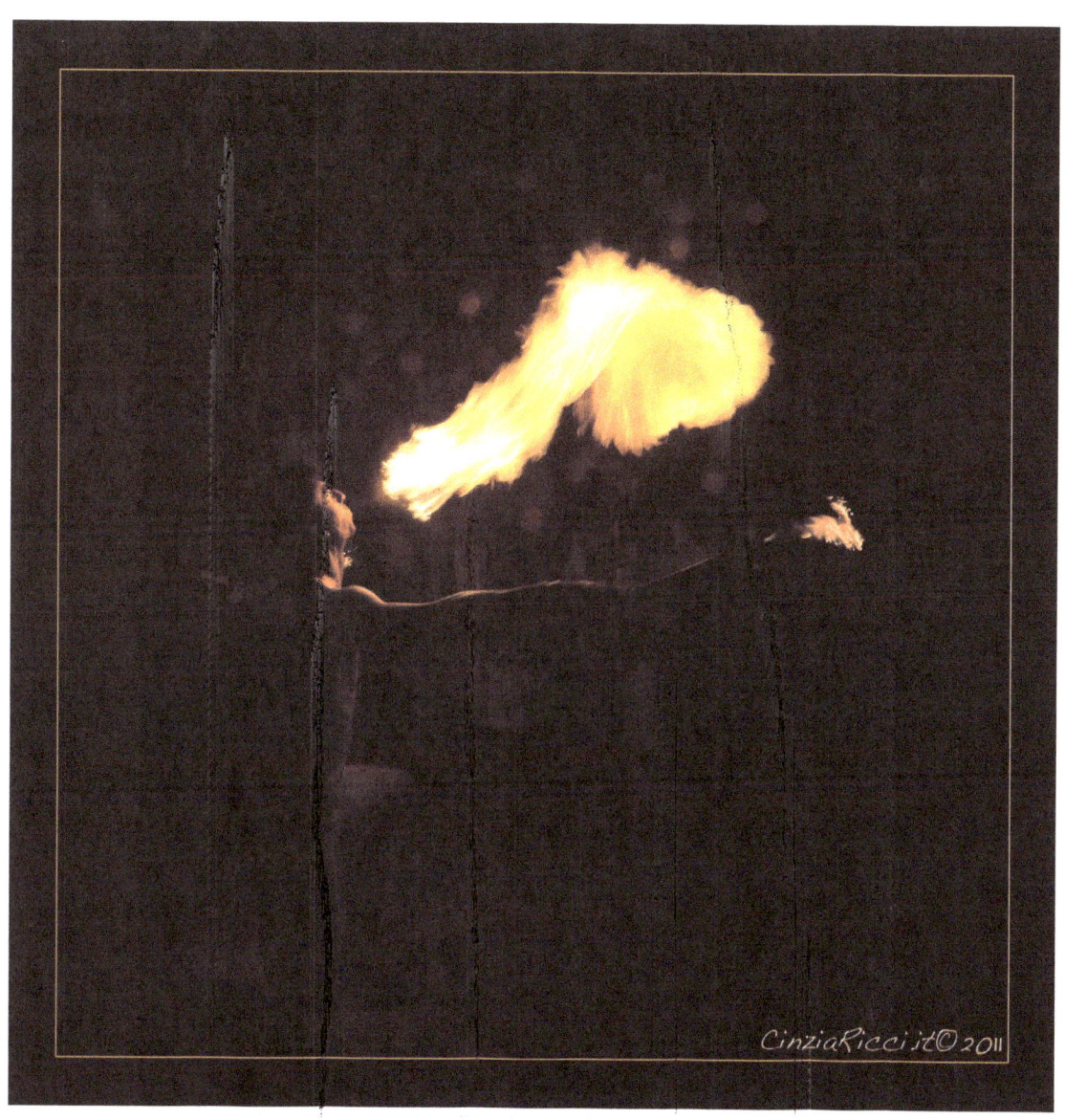

CinziaRicci.it©2011

121

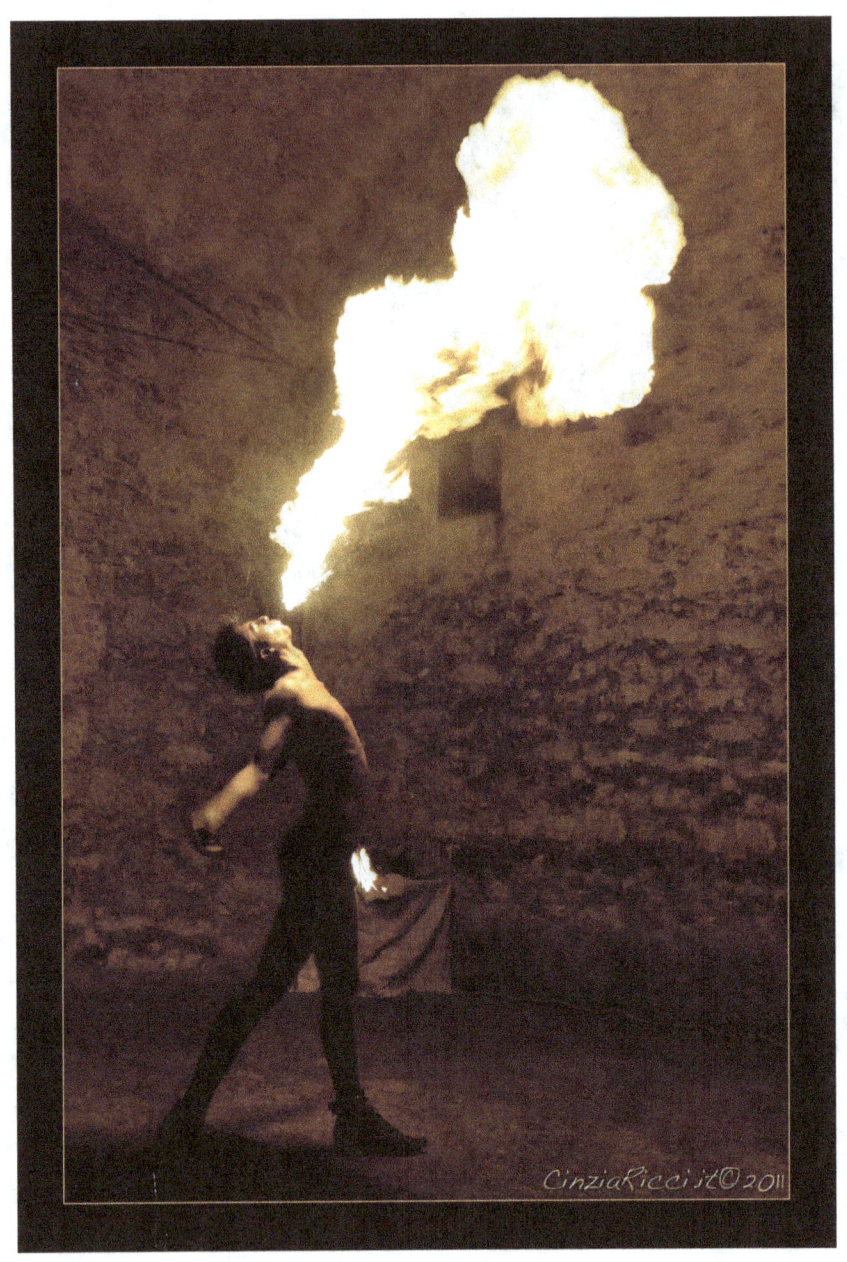

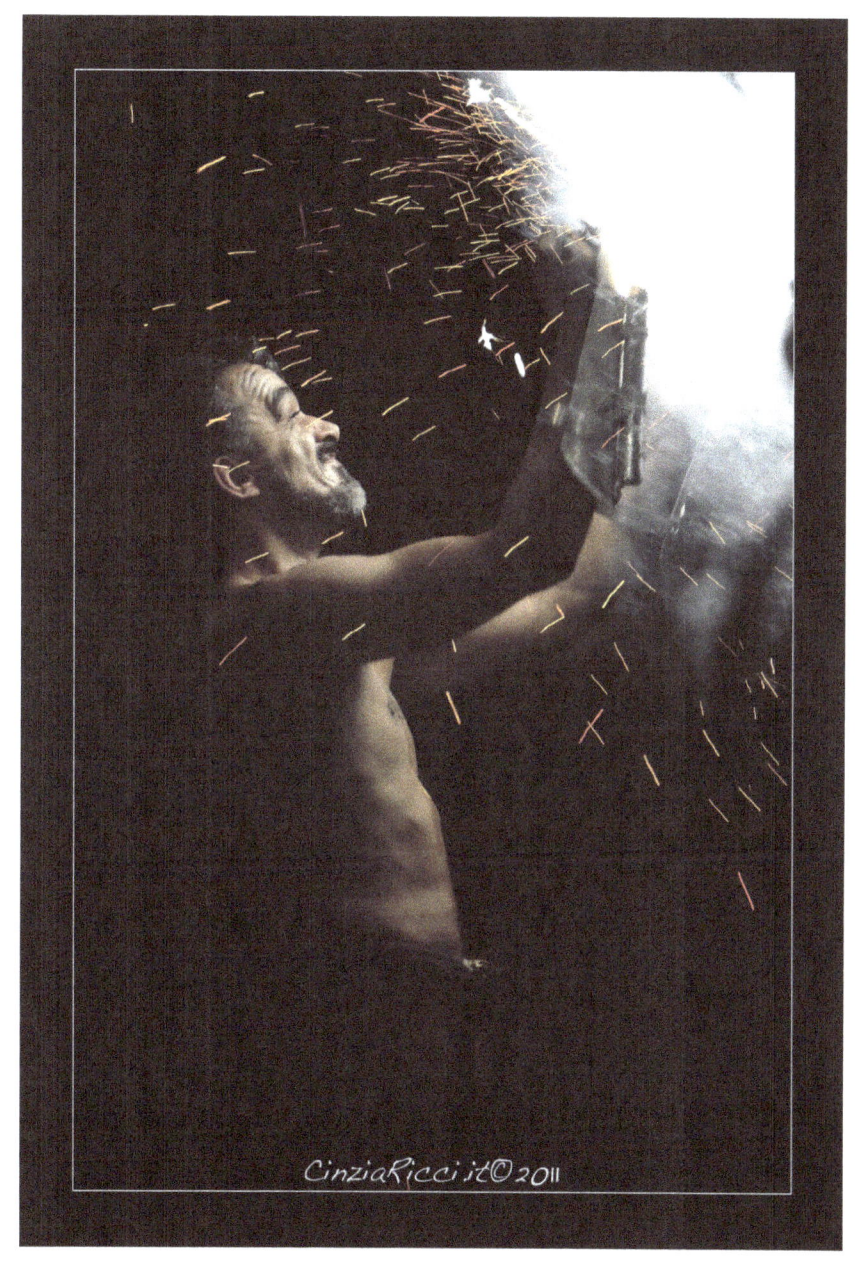

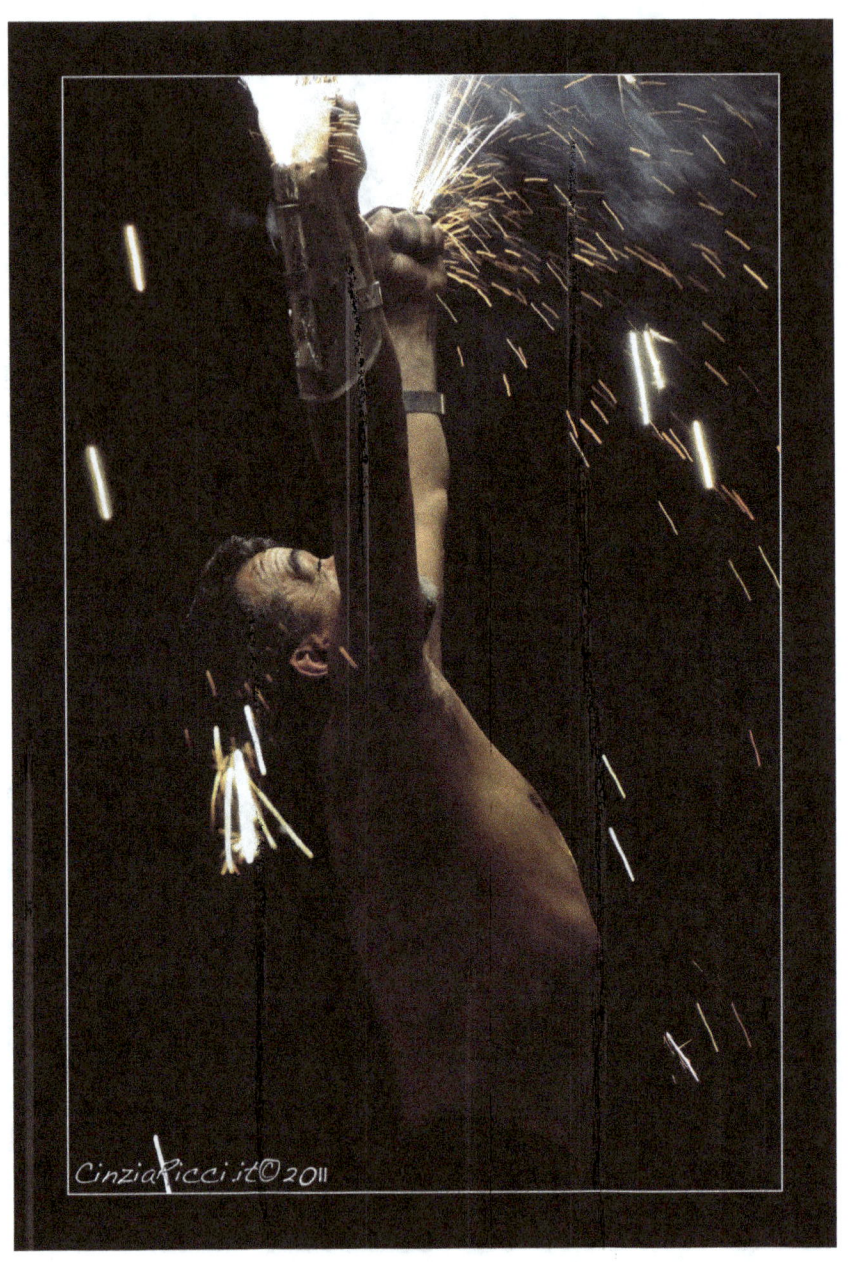

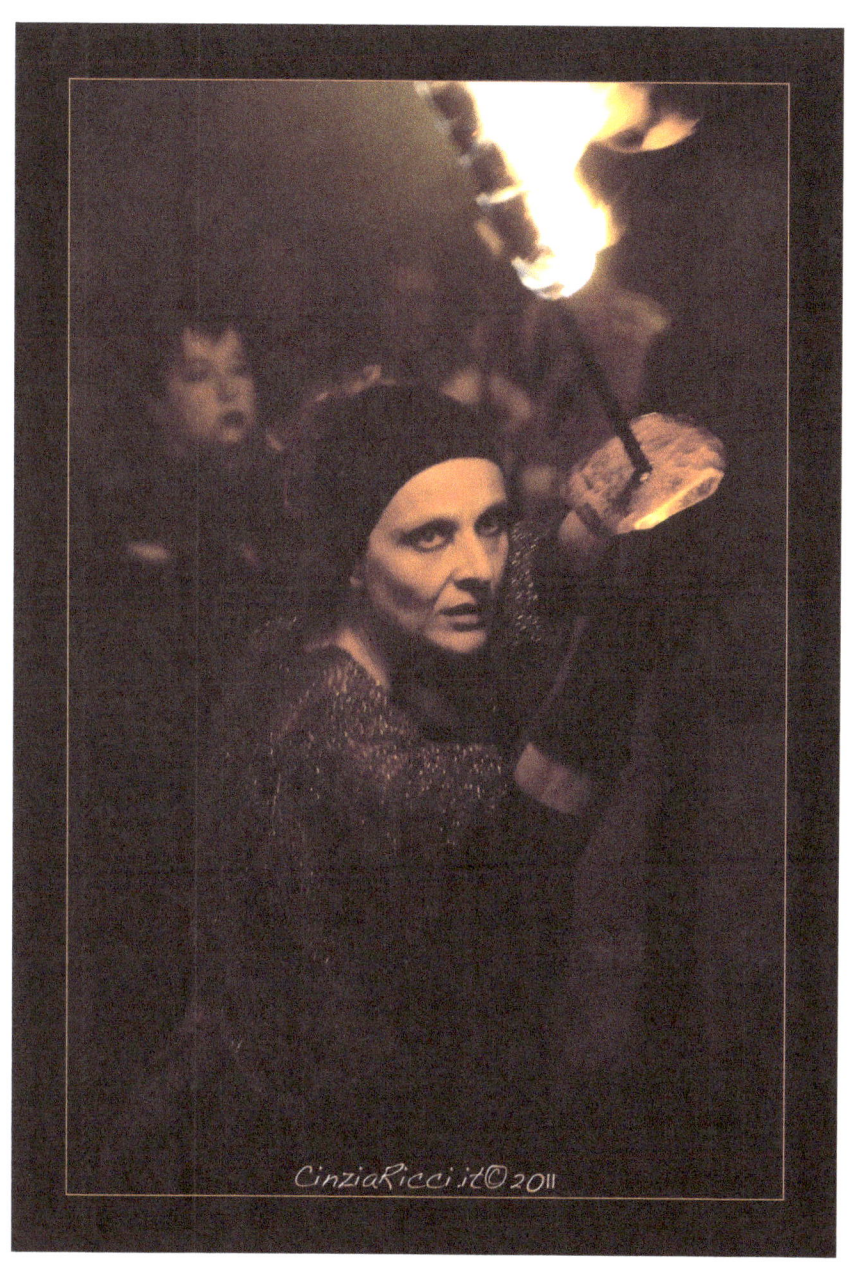

CURRICULUM ESSENZIALE

L'autore nasce nel 1964, a Lucca.

Al momento della stesura di questa pubblicazione, è presente in rete ai seguenti indirizzi:

Sito web attuale, https://ethanricci.cloud
Pagina FB, https://www.facebook.com/ricciethan/
Canale YouTube, https://www.youtube.com/c/EthanRicci

BENI CULTURALI

- Dal 2014 si dedica al censimento e alla catalogazione degli arredi urbani storici, architettonici e artistici di Lucca.
- Nel Maggio del 2015 tiene una mostra fotografica presso l'Associazione Industriali di Lucca dal titolo "Piazza Bernardini e i suoi gioielli".
- Nel Novembre del 2015, l'Associazione Industriali di Lucca, pubblica un cofanetto dal titolo "Il Palazzo Bernardini a Lucca" (Ed. Maria Pacini Fazzi) contenente 31 sue fotografie commissionate per celebrare i Settanta anni dalla fondazione.
- Nel Novembre del 2015, in conferenza stampa alla presenza del Sindaco Alessandro Tambellini, è presentato il lavoro di ricerca sul Pubblico Condotto di Lucca e le aree di archeologia industriale presenti sul territorio da esso attraversato, progetto finanziato dalla Banca del Monte di Lucca con il patrocinio del Comune di Lucca ed eseguito da Francesco Petrini, Maria Virginia Paradisi, Chiara Mazzanti e lui stesso.
- Dal 2016 al 2019 è stato fondatore e vice presidente dell'Associazione culturale "Custodi della città per gli Stati Generali sulla Cultura" e per essa ha condotto ricerche storiche, organizzato eventi e tenuto conferenze inerenti i beni materiali e immateriali del territorio lucchese con particolare riferimento all'archeologia industriale.
- Dall'8 Aprile 2022 al 31 Gennaio 2023 è Presidente dell'Associazione culturale "Custodi della città - Lucca", non più esistente.

GRAFICA, CARTELLONISTICA, FOTOGRAFIA E ALTRO

- Dal 1980 al 1989 partecipa a numerose mostre di pittura personali e collettive.
- Nel 1982 conduce varie trasmissioni radiofoniche per l'emittente privata "Radio Città" di Lucca.
- Nel 1984 illustra il libro di versi "Orfeo" di Massimo Lenzi.
- Nel 1984 la Scuola Elementare di Fornoli (Lucca) la incarica di tenere un corso di scenografia per i ragazzi delle classi quinte.
- Nel 1985 collabora con la redazione lucchese della rivista "Il grandevetro" e per questa scrive alcuni articoli.
- Dal 1985 al 1987 realizza i manifesti pubblicitari per le iniziative culturali e musicali del Caffè Voltaire di Lucca.

- Negli anni Ottanta, nel settore della cartellonistica, progetta e realizza la vetrina della "Birreria 107" in Via S. Croce, Caffè "Le Bistrot" in Via della Fratta e del "Bar Biliardi" in Piazza San Francesco, a Lucca, la vetrina della "Pasticceria Dianda" in Via della Rosa a Lucca e l'insegna della "Legatoria Artigiana" di Paola Fazzi in Piazza Cittadella a Lucca.
- Nel 1986 illustra il libro di versi "Frammenti" di Antonio Ulivi.
- Nel 1987 allestisce presso il Caffè Voltaire di Lucca la mostra del fotografo milanese Ivo Balderi.
- Nel 1997 dipinge i carri in carta pesta realizzati dal Rione dei Bufali in occasione del tradizionale Palio di Gallicano (Lucca) e ottiene il primo posto fra i maestri decoratori.
- Nel 1998 progetta e realizza per conto della SNAIL s.r.l. di Prato, un'installazione promozionale presso la Profumeria Internazionale "Via Cavour" di Firenze.
- Nel 1989 allestisce presso il Mirò Arci Club la mostra di sculture e complementi di arredamento di Richard Reichhold.
- Tra il 1989 e il 1990 disegna complementi di arredamento in pietra di Matraia, vetro ed altri materiali per conto della "Matraia Studios" dei Fratelli Mugnani, cavatori in Matraia, Lucca.
- Tra il 1990 e il 1991 realizza un'illustrazione per conto della Maria Pacini Fazzi Editore che la utilizzerà per promuovere la sua attività e apparirà su un'edizione americana della rivista Vogue.
- Dal 1991 al 1994 realizza gli Ex Libris per le signore Pervinca Bertolucci, Lia Arfanotti, Elizabeth Logan Harris (scrittrice), Petra Franz (violinista) e Aralee Strange (drammaturga). Questi ed altri sono in parte documentati sul catalogo della mostra "La tradizione degli ex Libris nella Provincia di Lucca - 103 esemplari stampati dalla Tipografia Biagini di Lucca" tenutasi a Forte dei Marmi dal 29 al 31 Luglio 1994 e in parte pubblicati sulla prestigiosa "Encyclopaedia Bio-Bibliographica of the Art of the Contemporary Ex Libris", edita da Artur Mario de Mota Miranda (Portogallo) e distribuita esclusivamente nelle maggiori biblioteche del mondo.
- Nel 1995 il mensile "New Age Music and New Sounds" pubblica alcune sue fotografie nella rubrica "Il terzo occhio".
- Dal 2000 scrive e pubblica articoli, recensioni, racconti, fotografie ed altro collaborando anche come web designer su vari siti Internet.
- Dal 2003 è presente sul Web con un suo sito personale (oggi antologico) all'indirizzo cinziaricci.it sul quale ha documentato e pubblicato la sua opera non solo artistica.
- Dal 2007 tiene conferenze su vari temi tra cui diritti civili, orientamento affettivo e identità di genere.
- Dal 2009 si dedica alla fotografia digitale specializzandosi nella post-produzione e approfondendo le sue competenze nel settore della grafica digitale.
- Dal 2017 è regolarmente presente ai Comics & Games di Lucca in qualità di fotografo per la testata giornalistica on-line Gattaiola.it di Anna Benedetto.
- Dal 2018 è presente sul Web anche con un nuovo sito all'indirizzo ethanricci.cloud che raccoglie la sua produzione letteraria, video e fotografica a partire dal 2016.

- Il 10 Dicembre 2019 è fotografo ufficiale dello spettacolo musicale "MAMMA MIA! - THE SHOW" tenutosi al Teatro del Giglio, a Lucca, da cui il video di montaggio pubblicato sul suo canale YouTube.
- Febbraio 2020 realizza le foto e il video di montaggio per il Coro "GOCCIA DI VOCI" - Direttore, Lorenzo Sansoni.
- Il 18 Giugno 2022 è fotografo ufficiale al Toscana Pride di Livorno da cui il video di montaggio pubblicato sul suo canale YouTube e la galleria fotografica pubblicata sul sito dell'evento.
- Il 14, 15 e 16 Ottobre 2022, nell'ambito del ciclo di incontri dal titolo "Across the Universe: viaggio nel cosmo delle differenze" che si è tenuto al Polo Culturale Artémisia di Tassignano (Lucca), tiene una mostra personale di fotografie scattate negli ultimi anni ai Pride di Firenze, Siena, Pisa e Livorno.
- Dal 2019 al 2023 è fotografo ufficiale in vari eventi artistici e culturali non solo a Lucca.
- Dal Novembre 2023 tiene corsi di Restyling del mobile presso il laboratorio DACCAPO per la cooperativa Nanina, a Coselli, Capannori, in via Stipeti 33.

TEATRO, CINEMA
(COLLABORAZIONI IN QUALITÀ DI SCENOGRAFO, ATTREZZISTA, TECNICO LUCI, ECC.)

- 1981 - "Don Giovanni", regia di Virginio Puecher (Teatro del Giglio di Lucca e Festival Marlia, Lucca).
- 1981 - "Simon Boccanegra" e "Trittico", regia di Dario Micheli (Teatro del Giglio di Lucca e Teatro dell'Opera di Roma).
- 1982 - nell'ambito del Carneval Fratta di Lucca, collabora con il fantasista Victor Cavallo.
- 1982 - nell'ambito del Festival Lirico Internazionale di Opera Barga, collabora all'allestimento di varie opere sotto la direzione artistica di Gillian Ermitage Hunt, Biagio La Torre e Luigi Mattiazzi ("Sangue viennese"), Mario Rossello e Vinicio Cheli ("Il Re pastore"), Emanuele Luzzati, Francesco Gorgoglione, Manlio Epifania, Daniele Travisi e Claude Tissier ("Histoire du soldat", "Regtime" e "Renard").
- 1982 - collabora con Pierluigi Puccini all'allestimento di varie opere teatrali fra cui spicca per importanza lo spettacolo "Nevrosi e socialismo nel Pascoli" con Michele Placido rappresentato al Teatro del Giglio di Lucca.
- 1984 - collabora con Hans Wiegand, attore e marionettista.
- 1985 - collabora alla messa in scena della commedia in vernacolo "Ir troppo stroppia" di Cesare Viviani.
- 1986 - realizza per conto del C.U.T. (Centro Universitario Teatrale) di Pisa uno studio scenotecnico e illuminotecnico su due testi teatrali di Andrie de la Vigne e William Butler Yeats che è pubblicato sui "Quaderni di Baubo" a cura del Servizio Editoriale Universitario.

- 1992 - progetta e realizza per conto della società "Immagine e Cinema" di Roma, oggetti e arredi per lo sceneggiato televisivo "Delitti privati".
- 1993 - collabora con la Prometeo (Istituto Artisti Toscani Associati) sotto la direzione artistica di Guido Quilici.
- 2018 – Collabora all'adattamento dell'opera "Gianni Schicchi" (G. Puccini) per burattini e puppets a cura della compagnia Pupi di Stac. Direzione artistica di Enrico Spinelli, regia e costumi di Maria Teresa Elena, pupazzi di Laura Landi, produzione del Teatro del Giglio di Lucca.

*PAGINA AMAZON CON
I TITOLI PUBBLICATI*

TITOLI PUBBLICATI
O IN FASE DI PUBBLICAZIONE

Collana TI RACCONTO UNA STORIA

BORDERLINE – Testimonianze LGBTQIA+ (2003-2005).
FLORILEGIO – Il giuoco della campana, Ritratti, Cronaca di provincia e altre storie (racconti 1985-2006).
RÉSONANCES DA LA RUPTURE e **VOCI** – Racconti 2005-2013.
CONTINUUM - Racconti 2015-2024.
BLU - Racconti 2024-2026.

Collana QUADERNI

CONTROVENTO – Poèsie 1980-2023.
EFFEMERIDE – Pensieri e aforismi 1980-2023, volume I e volume II.
EFFEMERIDE - Vol. III - Pensieri 2024-2025.
IN CAMMINO - Cronaca di una affermazione di genere 2015-2023.
SOLILOQUIO – Canto d'amore 2017-2023.
DI CASE E DI STANZE - Un attimo, una vita (2024).

Collana LA MACCHINA DEL TEMPO

EDITORIALI - Politica, cultura, cronaca (2000-2019).
LUCCA NELLA MEMORIA – Storia, curiosità, cultura 1985-2023.
VISIONI - Cinema, Tv e dintorni (2001-2022).

Altro

MASTRƏ GEPPETTƏ DICIT - Nozioni per far da sé (2003-2021).
ARCHITETTURA E ARREDI URBANI: GLOSSARIO - Compendio alla consultazione del censimento e della catalogazione degli arredi urbani e degli elementi architettonici del centro storico di Lucca (2014-2025).

Collana IMAGO VOLANT

OMININIDI Vol. 1 - POT-POURRI, Fumetti dagli anni Ottanta al 2007.
OMININIDI Vol. 2 - Nello Sport e nell'arte, Fumetti 1988-2007.
IMAGO VOLANT - GRAFICA A COLORI.

BN - GRAFICA IN BIANCO E NERO.

Collana **CARPE DIEM**

Portfolio fotografia - **ACQUA e FUOCO.**

L'elenco completo e aggiornato delle pubblicazioni è consultabile sul sito dell'autore all'indirizzo:

http://ethanricci.cloud

PAGINA AMAZON CON I
TITOLI PUBBLICATI

www.ingramcontent.com/pod-product-compliance
Lightning Source LLC
Chambersburg PA
CBHW081105290526
45795CB00006B/2003